Peter Schaber

Die Überwindung der kapitalistischen Moderne

UNRAST

Peter Schaber ist Mitglied des linken Medienkollektivs *lower class magazine.* Er schrieb mit an zwei Büchern zum Kampf der Kurd*innen gegen Faschismus und Besatzung: *Hinter den Barrikaden. Eine Reise durch Nordkurdistan im Krieg* (edition assemblage 2015) und *Konkrete Utopie. Die Berge Kurdistans und die Revolution in Rojava* (Unrast Verlag 2017). Im Zuge seiner Kurdistanaufenthalte engagierte sich Schaber in zivilen und militärischen Organisationen der kurdischen Freiheitsbewegung.

Peter Schaber

Die Überwindung der kapitalistischen Moderne

Eine Einführung in die politische Philosophie Abdullah Öcalans

UNRAST

Bibliografische Information der Deutschen Bibliothek
Die Deutsche Bibliothek verzeichnet diese Publikation in der Deutschen Nationalbibliografie; detaillierte bibliografische Daten sind im Internet über http://dnb.de abrufbar.

Peter Schaber: Die Überwindung der kapitalistischen Moderne
3. Auflage, Januar 2024
ISBN 978-3-89771-082-5

www.unrast-verlag.de – kontakt@unrast-verlag.de
Mitglied in der assoziation Linker Verlage (aLiVe)

Umschlag: UNRAST Verlag, Münster
unter Verwendung des Gemäldes *Rise up* von © Ian Matchett
Satz: UNRAST Verlag, Münster
Druck: Multiprint, Kostinbrod

Inhalt

Vorbemerkungen 7

Kapitel 1
Methode und Wahrheit:
Jenseits von Mythologie, Religion und Szientismus 13
Wahrheitssuche 17
Mythos, Religion, Positivismus 20
Ein sinnvolles Ganzes 26

Kapitel 2
Zwei Ströme in der Menschheitsgeschichte 33
Der Ausgang aus dem Paradies und die Errichtung des Zikkurat 34
Die »Gesellschaft an sich« 41
Kämpfe im Chaos – gegen den Determinismus 43
Öcalan und die Welt-System-Theorie 48

Kapitel 3
Die Zentralzivilisation:
Klassen, Patriarchat, Staat 53
Staat und Nation 54
Kapitalismus und Monopol 58
Patriarchat 63
Klasse 66
Macht 69

Kapitel 4
Der Aufbruch:
Demokratische Moderne und Sozialismus 73
Die Wiederbelebung der demokratischen Gesellschaft 76
Demokratie ohne Staat 78
Öko-Industrie und Öko-Gemeinschaften 83
Demokratische Nation und »neuer Mensch« 87
Selbstverteidigung der moralisch-politischen Gesellschaft 91

Kapitel 5
Die Erneuerung der Kaderpartei 95
Kaderpartei und revolutionäre Führung 96
Strategie und Taktik 100
Internationalismus 102

Kapitel 6
Wiedergeburt aus der Krise:
Kurdistan und der Nahe Osten 105
Die greise Mutter der Zivilisation 106
Die kurdische Zwickmühle 110
Renaissance und demokratischer Aufbruch 113

Schluss
Keine Blaupause, sondern eine Aufgabe 117

Literatur 123
Primärquellen 123
Weitere Literatur 123

Anhang

Wenn du leben willst, dann lebe in Freiheit
von Abdullah Öcalan 125

Einige Ergänzungen zur Biografie Abdullah Öcalans nach 1999
von Reimar Heider / Internationale Initiative ›Freiheit für Öcalan
- Frieden in Kurdistan 152

Vorbemerkungen

Im Frühjahr 2017 saß ich zusammen mit einigen anderen Deutschen, die auf dem Weg nach Rojava/Nordsyrien waren, in einer Guerilla-Stellung der Arbeiterpartei Kurdistans (PKK) im Nordirak. Es war unklar, wann wir unseren Weg fortsetzen würden. Da wir unvorhergesehen in dem kleinen Camp gestrandet waren, mussten die beiden noch sehr jungen Kämpfer, die uns betreuten, irgendein Programm für uns aus dem Hut zaubern. Und das bevorzugte Programm in der kurdischen Guerilla ist Bildung. Wir setzten uns also unter einen Baum und Heval Azad, der mit Anfang 20 ältere der beiden Freunde, begann, uns die Geschichte der Befreiungsbewegung zu erzählen. Und natürlich die Geschichte Abdullah Öcalans.

Es gab vor Ort keine Lehrmaterialien, keine Bücher, an die er sich hätte halten können. Er wusste das einfach aus dem Effeff. Dass Abdullah Öcalan am 4. April 1949 in Amara (türkisch: Ömerli) geboren wurde; wie sehr ihn seine Familienverhältnisse beeinflusst hatten; wie er die türkische Linke kennenlernte und Aktivist der marxistischen Studierendenbewegung in der Türkei wurde; wie Öcalan dann begann, Kurdistan als Kolonie zu verstehen; wie er mit Hakki Karer, Kemal Pir und einer Hand voll weiterer Genoss*innen anfing, die PKK, die Arbeiterpartei Kurdistans, aufzubauen. Welche Bücher Öcalan wann schrieb, wann er ins syrische und libanesische Exil ging; wie er dann 1999 entführt und auf der Gefängnisinsel Imrali eingekerkert wurde. Und wie er schließlich in Isolationshaft eine neue ideologische Grundlage für Partei und Bewegung schuf. »Wer keine Geschichte hat, hat keine Zukunft, erklärt uns Öcalan«, sagte Heval Azad, wenn man ihn fragte, warum er das alles weiß.

Heval Azad kannte seinen Öcalan. Und doch war er kein »Experte« oder dergleichen. Den Lebensweg und die Ideen ihres Vorsitzenden zu kennen, ist für die meisten der PKK-Kämpfer*innen obligatorisch. Sie sind Teil der *perwerde*, Schulungen, die manchmal einige Wochen, manchmal mehrere Monate dauern. Und die Lektüre der dicken Schwarten des inhaftierten Vordenkers bringt über so manchen Winter und so manche längere Phase des Verharrens in Höhlen, wenn der Feind mal wieder seine Drohnenarmee schickt.

Die Kenntnis von Abdullah Öcalans Wirken und Denken ist im Nahen Osten allerdings kein Spezialwissen ausschließlich derer, die sich entschieden haben, ihr Leben der Revolution zu widmen. In jenen vier Ländern, auf deren Territorium die Siedlungsgebiete der Kurd*innen verteilt sind, hat Öcalan Millionen Anhänger*innen. Seine Theorie vermochte, was vielen anderen linken Entwürfen der Gegenwart versagt blieb: Sie wurde eine materielle Kraft in einer wirklichen revolutionären Auseinandersetzung. Sie ist zur ideellen Grundlage einer geschichtsmächtigen Bewegung geworden.

Das zog auch die Aufmerksamkeit zahlreicher internationalistischer Linker – vor allem, aber nicht nur aus Europa – auf sich. In Deutschland reicht die Tradition anarchistischer, autonomer und kommunistischer Kurdistansolidarität lange zurück, aber vor allem seit 2014 ist ein erneutes, gesteigertes Interesse an der kurdischen Bewegung zu verzeichnen. Als damals kurdische Freiwillige den Islamischen Staat daran hinderten, die symbolträchtige nordsyrische Stadt Kobanê einzunehmen, begann weltweit eine breitere Öffentlichkeit, die demokratischen und fortschrittlichen Ideale der kurdischen Befreiungsbewegung wahrzunehmen. Und für viele wurde der Aufbau einer demokratischen Föderation von Kurd*innen, Araber*innen, Christ*innen mitten im Syrienkrieg ein Referenzpunkt für eigene Hoffnungen auf Befreiung.

Die kurdische Bewegung ist keine kleine Nischengruppe. Sie ist – wegen der nach dem Ersten Weltkrieg durchgesetzten imperialistischen Grenzziehung im Nahen Osten – in vier der wichtigsten Staaten der Region präsent: Irak, Iran, Syrien, Türkei. Und darüber hinaus existiert in vielen Nationen dieser Erde – von Frankreich und Deutschland über Russland bis nach Lateinamerika und die USA – eine politisch aktive kurdische Diaspora.

Die kurdische Bewegung ist zudem keine Eintagsfliege. 1978 wurde die Arbeiterpartei Kurdistans (PKK) gegründet, am 15. August 1984 begann sie den bewaffneten Kampf. Zum Zeitpunkt der Niederschrift dieses Textes ist sie weit davon entfernt, nun wirklich und ganz, ganz endgültig »ausgelöscht« zu werden, wie das türkische Regime seit Jahrzehnten alle paar Monate verlautbaren lässt. Im Gegenteil, ihre Konzepte und Ideale wurden Realität im Norden Syriens und weit über die kurdischen Siedlungsgebiete hinaus bis in die mehrheitlich arabischen syrischen Provinzen Raqqa und Deir ez-Zor hinein. Im Südosten der Türkei, also Nordkurdistan (kurdisch: Bakur), sind jene Parteien und sozialen Organisationen, die sich an den Ideen Abdullah Öcalans orientieren, trotz Massenverhaftungen, Absetzung gewählter Repräsentant*innen und Militäroperationen der türkischen Armee immer noch die stärkste politische Kraft. Und in der gebirgigen Grenzgegend zwischen dem Nordirak und der Türkei behauptet sich die Guerilla allen Flächenbombardements und Bodenoperationen zum Trotz.

Die Erfolge wie Verfehlungen, die Errungenschaften wie Mängel dieser Millionenbewegung sind mit dem Namen Abdullah Öcalan aufs Engste verbunden. Er gilt der Bewegung als *serokatî*, als die politisch-ideologische Leitung. Und auch, wenn er sich seit nunmehr 20 Jahren in Haft befindet, blieben seine Gefängnisschriften so wirkmächtig, dass sie die sich an ihm orientierenden Parteien und Organisationen bis heute prägen.

Ruft man sich all das in Erinnerung, wirkt es erstaunlich, dass es bislang keine Einführung in sein Gesamtwerk in deutscher Sprache gibt (und ähnliches gilt für die meisten anderen europäischen Sprachen). Das auch deshalb, weil Öcalan wirklich deutlich mehr als bloß tagespolitische Erklärungen zu Papier gebracht hat. Er hat über die Jahre Dutzende Bücher geschrieben, und das keineswegs auf die konkrete kurdische Situation beschränkt, sondern durchaus mit dem Ziel, sozialistische Theorie generell neu aufzustellen.

Wie auch immer man zu den Thesen Öcalans stehen mag, man wird nicht bestreiten können, dass ein derartig umfassendes Konvolut von Schriften, wie er es niedergeschrieben hat, gerade in einer Zeit der umfassenden theoretischen wie praktischen Krise der Linken zur Kenntnis genommen werden sollte. Die vorliegende Einführung hat zum Ziel, einen ersten Einstieg in die Theorie Öcalans zu liefern. Sie ist der Versuch einer durchaus systematischen, wenn auch sicher nicht vollständigen Einführung in das Denken des kurdischen Revolutionärs. Ich habe mich bemüht, so nah am Gedanken des Urhebers wie möglich darzustellen, was Öcalan schreibt – ohne es zu kritisieren oder zu bewerten. Ich wurde in den vielen Jahren der Auseinandersetzung mit der kurdischen Bewegung nie »Apoist«, also nie voll und ganz Anhänger der Lehre Abdullah

Öcalans. Zugleich glaube ich aber, dass er immens wichtige Impulse für eine Linke gibt, die sich verloren hat und sich auf der Höhe der Zeit wiederfinden will.

Das Ziel der vorliegenden Einführung war zum einen, stringent, möglichst kurz und systematisch aufgebaut darzustellen, was Öcalan schreibt und denkt. Die vorliegende Darstellung ist dabei sicher, das muss man der Fairness halber dazusagen, eine unter mehreren möglichen Interpretationen. Das trifft natürlich generell zu, wenn man über die Gedanken von jemand anderem schreibt. Aber es hat zudem einen sachlichen Grund in den dem kurdischen Revolutionär aufgezwungenen Arbeitsbedingungen. Er beschreibt sie am Beginn der *Soziologie der Freiheit* so: »Einige Bemerkungen zu meiner Schreibtechnik werden erhellend und entschuldigend wirken. Unter den Bedingungen meiner Einzelhaft wird mir nur jeweils ein Buch, eine Zeitschrift und eine Zeitung in der Zelle gestattet. Es war nicht möglich, Notizen zu machen und mit Zitaten zu arbeiten.« Er habe versucht, deshalb alles in Gedanken zu speichern und es danach aufzuschreiben. Aber: »Die größte Schwäche dieser Methode ist jedoch, dass das menschliche Gedächtnis den Makel des Vergessens trägt. Keine Notizen machen zu können, war daher hinderlich. Als ich mich daran machte, diesen Band zu schreiben, kam obendrein ein neues Verbot: Ich durfte keinen Stift in der Zelle haben. Nachdem am zehnten Tag der ›Bunkerstrafe‹ dieses Verbot aufgehoben wurde, begann ich sofort zu schreiben.« (SdF, S23)

Ähnlich wie bei den berühmten Gefängnisschriften Antonio Gramscis können wir auch bei der Lektüre Öcalans die Spuren dieser äußeren Umstände nicht außer Acht lassen. Eine der Auswirkungen ist etwa, dass man Öcalan immer mindestens zweimal lesen muss. Man muss aus dem Gesamten die systematische Stoßrichtung gewinnen und dann die einzelnen Passagen im Lichte dieses Systementwurfs lesen. Denn er verwendet häufig für ein und denselben Sachverhalt verschiedene Begriffe, dann aber wieder ein und denselben Begriff für verschiedene Sachverhalte. Irgendeine Passage herauszureißen, macht häufig wenig Sinn. Man muss die einzelnen Stellen vom systematischen Ganzen her lesen. Die Schriften sind zudem Selbstverständigung. Sie haben einen systematischen Anspruch, aber sie zeigen dennoch ein Denken im Werden.

Die vorliegende Einführung versucht, den zugrunde liegenden Systementwurf herauszuarbeiten. Ihr eigentliches Ziel aber ist, dass das Buch zum Weiterlesen und zum eigenen Studium Öcalans anregen möge.

Bedanken möchte ich mich für die tatkräftige Unterstützung der Genoss*innen der Internationalen Initiative *Freiheit für Öcalan* sowie des Unrast Verlags. Mein besonderer Dank gilt meiner Familie und all jenen Genoss*innen, mit denen ich in den vergangenen Jahren über die hier verhandelten und tausende andere Themen diskutieren durfte. Und erinnern will ich an diejenigen, die vieles an Ideen zu diesem Buch beigetragen haben – wie die britische Internationalistin Anna Campbell, der deutsche Internationalist Michael Panser und Mahir Sengali, meinem Kommandanten in den jesidischen Widerstandseinheiten (YBS), denen ich leider nicht mehr danken kann, weil sie im Kampf gegen Faschismus, Kolonialismus und Krieg gefallen sind.

Kapitel 1
Methode und Wahrheit: Jenseits von Mythologie, Religion und Szientismus

Die Arbeiterpartei Kurdistans (PKK), die Abdullah Öcalan im November 1978 mitbegründete und der er bis heute vorsteht, war in allen ihren Phasen eine recht eigenständige und eigensinnige Gruppierung[1]. Sie hat, obwohl sie andere revolutionäre Strömungen zu schätzen wusste, nie versucht, ihr Heil in wahlweise Russland, China oder Albanien zu suchen und kann dementsprechend nicht einfach als »stalinistische«, »maoistische« oder »hoxhaistische« Organisation definiert werden.

Dennoch kann man sagen, dass sie ab ihrer Gründung eine antikoloniale marxistisch-leninistische Partei war, die ein sozialistisches, geeintes Kurdistan anstrebte. Als solche konnte die endgültige Niederlage des sowjetischen Sozialismus Anfang der 1990er-Jahre nicht spurlos an ihr vorübergehen. Anders als viele direkter an Moskau gebundene Bewegungen wurde der epochale Einschnitt für die PKK aber kein Anlass zu Resignation, Sozialdemokratisierung oder Rückzug in Traditionspflege. Vielmehr machte sie sich auf eine lang andauernde Suche nach der Weiterentwicklung der ideologischen Grundlage des Sozialismus, die in den 1990er-Jahren begann und in den sogenannten »Paradigmenwechsel« – einer deutlichen Veränderung der Programmatik der kurdischen Freiheitsbewegung – Anfang der 2000er-Jahre mündete.

Dieser »Paradigmenwechsel« stellt weder einen Bruch mit schlechthin allem dar, was die PKK zuvor vertrat, noch lässt er sich an einem einzigen Punkt festmachen; vielmehr betrifft er eine einschneidende Zäsur in zentralen Bereichen der Weltanschauung: Der philosophischen Grundlage, der Frage nach dem Staat, der Rolle der Frau, der Aufgabe von Partei und Guerilla, der Rolle der Demokratie bei der Erkämpfung des Sozialismus. Der Darstellung all dieser

1 Da hier keine Darstellung der Geschichte der PKK geliefert werden kann, ein Verweis auf das umfangreichste Werk dazu in deutscher Sprache: Brauns, Nick / Kiechle, Brigitte: PKK: Perspektiven des kurdischen Freiheitskampfes: Zwischen Selbstbestimmung, EU und Islam, Schmetterling Verlag, Stuttgart 2010

Neuerungen wird sich die gesamte vorliegende Einführung zu widmen haben.

Der Ausgangspunkt aber für die abkürzend »Paradigmenwechsel« genannten weltanschaulichen Veränderungen liegt in einer einfachen Einsicht Abdullah Öcalans: Keine der antikapitalistischen, antikolonialen Kräfte des 20. Jahrhunderts hatte gesiegt. Sie alle hatten – auf ganz unterschiedliche Weise – Niederlagen erlitten. Kapitalismus und Liberalismus assimilierten »zuerst die deutschen Sozialdemokraten, anschließend die realsozialistischen Systeme einschließlich Russlands und Chinas und zuletzt die Systeme der nationalen Befreiung. Alle drei Strömungen erlitten gegen den Liberalismus eine klare Niederlage, und leider haben sie bisher dazu keine klare Selbstkritik geleistet« (DKZ, S84).

Öcalan verortet alle diese Strömungen unter den demokratischen Bewegungen der Moderne, denen er auch die kurdische zurechnet. Insofern wird seine Kritik an ihren Fehlern zu einer Selbstkritik. Diese Selbstkritik aber ist zum einen gerade nicht dadurch motiviert, aufhören und abschließen, oder gar dem Kapitalismus das »Ende der Geschichte« gönnen zu wollen. Sondern durch die Frage, wie man denn nach der Niederlage des 20. Jahrhunderts im 21. Jahrhundert weitermachen könnte.

Und sie ist zum zweiten nicht auf billige Antworten aus. Der Grund der Niederlage ist nicht allein in den brutalen, oft hinterhältigen Angriffen des Klassenfeinds zu suchen – die gab es zuhauf. Die schwierigere Frage ist: Warum konnten sich Sozialdemokratie, Marxismus, Anarchismus und antikolonial-demokratische, feministische, ökologische Bewegungen denn nicht gegen diese Angriffe wehren, wenn sie, wie sie behaupteten, eine entwickeltere, humanere Alternative zum Kapitalismus präsentierten?

Öcalans Antwort ist: Diese Strömungen waren nicht in der Lage, einen eigenen Zivilisationsstrang zu etablieren. Sie verblieben – ideologisch wie in ihrer Praxis – genau jenem System verhaftet, das sie eigentlich überwinden wollten. »Die sowjetische Erfahrung hat klar gezeigt, welch katastrophaler Fehler die These vom Kampf zweier Klassen innerhalb einer einzigen Zivilisation war. Da es nicht gelang, die Gussformen der europäischen staatlichen Zivilisation zu durchbrechen, konnte keine spezifisch sowjetische Zivilisation errichtet werden. Weil man in großem Maße die Schablonen der kapitalistischen Moderne zugrunde legte, ließ sich nicht vermeiden, dass man schließlich ihr glich. In der Geschichte kam es zu vielen ähnlichen Situationen. Wenn ihr mit den Waffen (dem Lebensstil der Zivilisation) Anderer kämpft, werdet ihr wie die Anderen. Dass solche Situationen eintreten, hängt damit zusammen, dass es Revolutionen nicht gelingt, eigene Zivilisationsformen zu bestimmen.« (DKZ, S299f)

Was heißt das? Wie wir an mehreren Stellen im Durchgang durch Öcalans Werk sehen werden, reichen die Vorwürfe tief: Philosophisch habe sich schon Marx nicht ausreichend vom bürgerlichen Wissenschaftsparadigma abgesetzt, woraus ein Reduktionismus auf das im engeren Sinn Ökonomische und ein Determinismus in der Geschichtsbetrachtung entstanden sei; der Staat sei als neutrales Instrument zur Klassenherrschaft auch des Proletariats über die Bourgeoisie begriffen worden und habe diejenigen verändert, die ihn zum Einsatz brachten; das Patriarchat sei unterschätzt worden; die Veränderung der aus dem Kapitalismus erlernten Lebensweise sei nicht tiefgreifend genug gewesen und so weiter und so fort.

Die theoretischen Verkürzungen zusammen mit den Angriffen des Gegners führten zur »Entstellung« des Realsozialismus: »Die Zivilisation der demokratischen Gesellschaft, die mit der sowjetischen Oktoberrevolution begonnen hatte, wurde gegenüber dem neuen Hegemon schrittweise zurückgedrängt, entstellt und assimiliert; in den 1990er Jahren wurde das Sowjetsystem offiziell abgeschafft, doch die Politik der Aushöhlung von innen hatte bereits lange vorher begonnen.« (DKZ, S157)

Dasselbe gilt für die antikolonialen Bewegungen: »Die nationalen Befreiungsbewegungen, die sich zumeist entlang einer realsozialistischen Linie entwickelten, hatten von vornherein den Nationalstaat als Maximalprogramm. Wenn wir uns jedoch vor Augen führen, dass sich das von ihnen etablierte Modell nur durch Kollaboration mit den kapitalistischen Monopolen wie USA, EU, IWF und Weltbank auf den Beinen halten kann, so dürfen wir uns über ihre antidemokratischen und zunehmend konservativeren Strukturen nicht wundern.« (DKZ, S281) Anderen, die niemals an die Macht kamen, erging es nicht besser: Es gelang dem System auch,

»anarchistische, feministische, ökologische und einige weitere radikale Bewegungen zu marginalisieren.« (DKZ, S371).

Öcalans These ist: Zu einem Zivilisationsstrang gehören weder nur ökonomische Basis, noch nur ideologischer Überbau. Und man kann keinen neuen begründen, wenn man nicht die gesamte menschliche Existenz neu bestimmt. Ein ökonomistischer Sozialismus, der die mit Staatlichkeit und Patriarchat einhergehenden Machtverhältnisse für sekundär erklärt, wird genauso scheitern wie ein liberaler Feminismus, der meint, die Gleichberechtigung der Geschlechter sei als gleiche Teilhabe am Kapitalismus zu erreichen, oder ein Anarchismus, der seinen Freiheitsbegriff dem bürgerlichen Individualismus entlehnt. Der Kapitalismus ist für Öcalan die jüngste Entwicklungsphase einer Jahrtausende alten »Zivilisation«, die auf staatlicher Herrschaft, Patriarchat und Klassenspaltung basiert. Und die Jahrtausende Zeit hatte, ihre ideologischen Formen zu entwickeln, die das Denken durchdrungen und zur Systemerhaltung trainiert haben. Halbe Sachen führen zu keinem Ausweg aus dieser Geschichte.

Das alles ist aber kein Grund zur Verzweiflung. Öcalan übt so harte Kritik nicht, um zu beweisen, dass alles sinnlos sei, sondern um den Weg für einen neuen Aufbruch freizumachen: »Das Erwünschte und Erträumte ist zerfallen, weil es im Kern diesen Träumen nicht gerecht werden konnte, ihnen nicht entsprach«, schreibt er im Rückblick auf die sozialistischen Versuche des 20. Jahrhunderts. »Anstatt sich darüber zu freuen oder darüber zu trauern, ist es der Weg der Wissenschaft, diesem Träumen nachzuspüren, indem hinterfragt wird, was an ihm Wirklichkeit ist – und Erfolge sind bisher immer auf diesem Weg erzielt worden.« (GE1, S422)

Wir wir sehen werden, erstreckt sich Öcalans Neubewertung des Erwünschten und Erträumten auf die gesamte Menschheitsgeschichte. Er entwirft nicht weniger als eine auf einer eigenen Methodik basierende Gesamtschau auf die Geschichte der Kämpfe um Freiheit und Gleichheit. Und aus dieser Evaluierung entwirft er ein Modell, das er als strategische Leitlinie nicht nur für die kurdische Freiheitsbewegung vorschlägt.

In ein so umfangreiches Werk relativ kurz und lesbar einführen zu wollen, einen Überblick über das Ganze des Denkgebäudes geben zu wollen, heißt natürlich auch, einen Preis zu bezahlen, was die Detailtreue angeht. Nicht alle Überlegungen können wiedergegeben, auch die Nuancen etwa in sprachlichen Veränderungen in verschiedenen Entwicklungsphasen nicht berücksichtigt werden. Der Versuch, dieser Einführung ist es, einer breiteren Leser*innenschaft Grundzüge des Denkens Abdullah Öcalans vorzustellen – und das in einer systematischen Ordnung, die hoffentlich ein wenig vermittelt, wie er zu bestimmten Schlussfolgerungen kommt.

Wahrheitssuche

Einfach ist es nicht, wesentliche Züge des Denkens von Abdullah Öcalan kompakt und verständlich darzustellen. Fesselnder und konkreter wäre es sicher mit den populären Themen einzusteigen, die in der politischen Debatte heute eine Rolle spielen: Demokratischer Konföderalismus, Frauenbefreiung, ideologische und militärische Selbstverteidigung. Doch dann läuft man Gefahr dauernd abschweifen und ausholen zu müssen, um zu erklären, wie der Autor auf diese Dinge kommt. Man könnte zwar, wie in einem Programm, die Resultate seines Denkens aufzählen, aber dann fehlt die Genese des Gedankens – und damit das eigentlich Interessante, gerade dann, wenn man nicht nur folgen, sondern kritisch nachvollziehen will.

Beginnen wir deshalb mit einer vielleicht ungewöhnlichen, aber trotzdem auf der Hand liegenden Frage: Abdullah Öcalan hat im Verlauf der letzten Jahrzehnte ein Konvolut an Schriften geschaffen, das – zumindest, was seinen Reichtum an Themen angeht – an die enzyklopädischen Ansätze großer Philosophen des 19. Jahrhunderts erinnert. Aber wozu? Warum schreibt der in Isolationshaft sitzende Chef einer bewaffnet kämpfenden Guerilla-Bewegung dermaßen dicke Bücher? Warum beschäftigt er sich mit Überlegungen zu Atomen und Pflanzenwelt, Gilgamesch und Ištar, Religion und Mythologie, Descartes und Hegel, neolithischer Revolution und Renaissance, Positivismus und Dialektik? Wenn wir ihn ernst nehmen, muss uns klar sein, dass das einen Grund hat, der wenig mit der tödlichen Langeweile auf der Gefängnisinsel Imrali zu tun hat. Und noch weniger mit der Hoffnung auf Applaus aus der internationalen akademischen Zunft. Öcalan hat einen guten Grund, sich all dieses Wissen anzueignen, es zu ordnen und aufzubereiten.

Mit der marxistischen Tradition teilte er lange vor seiner Einkerkerung und teilt er noch heute die Einsicht, dass die Art und Weise, wie wir die Welt verstehen, eng damit zusammenhängt, wie die Gesellschaft verfasst ist, in der wir leben. Und die Überzeugung, dass wir, wenn wir die Welt verändern wollen, ihre Dynamik, ihre Widersprüche und die Möglichkeitsräume, die sich in ihr öffnen, begreifen müssen. Politische Philosophie ist ein notwendiger Teil der Befreiung von einer als bedrückend und erniedrigend empfundenen Realität.

Schon lange vor seiner Entführung im Jahr 1999, in einer Rede zum 1. Mai 1995 vor Absolvent*innen der Parteischule der PKK, skizzierte Öcalan diesen Zusammenhang zwischen politischer Philosophie und Befreiung anschaulich. Diejenigen, die von Kapitalismus und Kolonialismus zu einer gebeugten Existenz verdammt werden, können sich ihrer Ketten nicht ohne politisch-philosophische Selbstvergewisserung entledigen, lautet seine These. Ein romantisierendes oder gar idealisierendes Bild der Unterdrückten, Geknechteten und Geschundenen ist Öcalan schon damals fremd. Im Gegenteil, solange das Volk sich nicht befreit, lebt es, wie er sagt, in einer »verfluchten Realität«: »Die eigene Realität nicht eigenständig und frei zu sehen, sich dafür aber auf den Weg der eigenen Ausbeuter zu begeben; kriechend, dieser Würdelosigkeit schmeichelnd, ist die niedrigste und minderwertigste Ebene, auf die man gelangen kann«, schimpft er. Die Unmündigkeit der Untertanen ist einer der Garanten des Fortbestehens von Ausbeutung und Unterdrückung. Und deshalb lag, so Öcalan, den Herrschenden immer am meisten daran, die subalternen Klassen von eigenständigem Denken abzubringen: »Zu jeder Zeit wurden mit äußerster Sorgfalt die Unterdrückten, Werktätigen dazu angehalten, nicht vertieft zu denken, vor allem sollten sie nicht philosophisch-politisch denken.«[2]

Das Motiv bleibt im Denken Öcalans erhalten. Später, auch lange nach dem sogenannten Paradigmenwechsel, wird er am Sozialismus des 20. Jahrhunderts bemängeln, die Veränderung in der

---

2 Zitiert nach: https://www.nadir.org/nadir/initiativ/isku/hintergrund/sozialismus/01.htm

Mentalität der Proletarier nicht als Voraussetzung, sondern als fast automatische Konsequenz des Sieges über die frühere herrschende Klasse gesehen zu haben. Die Frage, wie wir unser Denken und unsere Gewohnheiten zu ändern haben, damit ein anderes gesellschaftliches Zusammenleben möglich wird – der traditionelle Topos vom »neuen Menschen« -, ist für die Arbeiterpartei Kurdistans genauso wie für ihren Vordenker ein tragendes Motiv politischer Arbeit.

Was Öcalan in seinem Mai-Vortrag von allen Werktätigen fordert, spiegelt seine eigenen Erfahrung wieder. In autobiografischen Texten hat er immer wieder betont, wie für ihn die Suche nach Wahrheit zu einem Moment der Befreiung wurde. »Am Anfang des Abenteuers, das mein Leben werden sollte, fehlte es mir an allem«, schreibt er. Seine Familie – er wurde im nordkurdischen Ömerli geboren – sei Teil »einer zerfallenden Gesellschaft« gewesen und so habe sie sich selbst verloren. Alles, was dann bleibt, »sind leere Köpfe, anfällig für die endlosen Lügen der Herrschenden.« Die »Wahrheitssuche« begreift Öcalan als Voraussetzung für die Selbstermächtigung der Unterdrückten. »Mein Begriff von Wahrheit machte eine revolutionäre Veränderung durch«, schreibt er über die Resultate seiner vertieften Studien im Knast. »Die kapitalistischen Dogmen zu zerreißen und Geschichte und Gesellschaft mit der ihnen innewohnenden Wahrheit neu zu erkennen, bereitete mir großes Vergnügen. Seither betrachte ich mich als ›Wahrheitssucher‹. Durch ein holistisches Verständnis von Wahrheit gewann alles eine unvergleichlich höhere Bedeutung; sei es im gesellschaftlichen, physikalischen oder biologischen Bereich. Unter Gefängnisbedingungen konnte ich beliebig viele revolutionäre Wahrheiten entdecken. Nichts sonst hätte mir so viel Kraft zum Widerstand verleihen können.« (zit. n. Network I, S31)

Das Suchen nach Wahrheit ist nun aber gar keine so einfache Angelegenheit. Denn es ist ja nicht das bloße Auswendiglernen dessen, was in einer gegebenen Gesellschaft ohnehin schon als Wahrheit gilt. Karl Marx und Friedrich Engels haben einst geschrieben: »Die herrschenden Ideen einer Zeit waren stets nur die Ideen der herrschenden Klasse.« Wenn da was dran ist, ist es eigentlich selbstverständlich, dass der Bruch mit einer bestimmten Weise gesellschaftlichen Zusammenlebens den Bruch mit den dominanten

Ideen dieses Zeitalters mit einschließt. Und so beginnt Öcalans Buch über die kapitalistische Zivilisation mit dem Satz: »Zu den ersten Dingen, die ich bei der Ausarbeitung meiner Stellungnahme gegen das kapitalistische System tun muss, gehört die Befreiung von seinen geistigen Prägungen.« (DKZ, S25)

Soweit, so gut. Wenn wir Kapitalismus, Staat, Patriarchat, Unterdrückung und Ausbeutung überwinden wollen, müssen wir also auch den »geistigen Prägungen«, auf denen diese Verhältnisse fußen, eine Absage erteilen. Doch hier wird es kompliziert.

Denn was ist überhaupt »Wahrheit«? Und wie denken wir über diese »geistigen Prägungen« nach, die wir als zu überwindende identifiziert haben? Die Art und Weise, *wie* wir über etwas räsonieren, also die Methode unseres Denkens, ist ja ihrerseits weder ungeschichtlich noch neutral. Das kommt uns vielleicht so vor, weil wir es so gelernt haben. Aber selbst ein oberflächlicher Exkurs in die Geschichte des Denkens zeigt rasch, dass dem nicht so ist. Nicht nur *was* – also der Inhalt des jeweiligen gesellschaftlichen Denkens –, sondern auch *wie* über die Welt gedacht wird – also die Methode des Denkens – veränderte und verändert sich historisch.

Mythos, Religion, Positivismus

Bevor wir also zu Öcalans Geschichtsphilosophie, seiner Theorie des »neuen Menschen« oder seiner Kritik von Staat und Kapital kommen, hält er uns an, zu überlegen, *wie* wir eigentlich nachdenken. Ist die Methodik, die wir in den Universitäten und Schulen lernen oder im Wissenschaftsbetrieb anwenden, absolut und unfehlbar? Haben unsere gerade aus der Unmittelbarkeit erwachenden Vorfahren am Beginn der menschlichen Geschichte genauso »wissenschaftlich« gedacht wie wir heute? Und wenn nein, wie haben die denn gedacht? Ab wann haben andere unserer Vorfahren nicht mehr so gedacht? Und warum? Wieso ändern sich Methoden des Denkens? Und welche Methoden haben welche Resultate, Stärken und Schwächen?

Öcalan befasst sich ausführlich mit drei »Methoden« oder Denkweisen: der »mythologischen«, der »religiösen«/«dogmatischen« und der »wissenschaftlichen«/«positivistischen«. Die Chronologie, die er anbietet, geht grob so: Die früheste Menschheit, als sie gleichsam ihre Augen aufschlägt, nimmt die Welt »animistisch« wahr. Alles ist beseelt, der Mensch selbst sowie ihn umgebende Natur. Den »Animismus« kann man allerdings noch nicht im eigentlichen Sinne als eine »Methode« bezeichnen, verharrt er doch noch in der völligen Unmittelbarkeit. Die erste identifizierbare Methode kommt mit der Mythologie auf. Sie bewahrt die Allbeseeltheit, differenziert sie aber bereits in einzelne Göttergestalten aus. Naturgegenstände und Ereignisse werden zu Gött*innen. In der die Menschen umgebenden Welt wimmelt es von ihnen: Fluss- und Berggötter, Gött*innen der Fruchtbarkeit, des Schicksals, der Arbeit, der Kunst. In der Form der mythologischen Erzählung versucht sich der Mensch in der sinnstiftenden Erklärung dessen, was ihm und um ihn herum geschieht.

Ungefähr mit dem Anfang der geschriebenen Geschichte – und damit etwa zeitgleich mit der Festigung von patriarchalen, urbanen, staatlichen Klassengesellschaften – beginnt die Ablösung der Mythologie als vorherrschende Weltanschauung durch Religionen. Und diesen wird wiederum durch jene »wissenschaftliche Methode« der Garaus gemacht, die mit dem modernen Kapitalismus ab dem 16. Jahrhundert die welthistorische Bühne betritt[3].

Man muss dazu sagen, dass es sich bei diesen Übergängen um keine scharfen Brüche handelt. Mythologisches Denken besteht im religiösen fort, Ansätze der »wissenschaftlichen Methode« beginnen mit der Verwaltungsarithmetik der antiken Sklavenhalterstaaten und tragen als »Götzendienst« an der toten Objektivität selbst religiöse Züge. Die verschiedenen Methoden können koexistieren. Aber für einen jeweiligen historischen Zeitabschnitt ist jeweils eine von ihnen die dominante.

3 »Wenn wir die Geschichte bezüglich ihres Denkens in Abschnitte einteilen wollen, so haben wir das Altertum, in dem die mythologische und religiöse Ebene überwogen (rund 5000 v. Chr. bis 500 n. Chr.), das theologische Mittelalter, die Synthese von Religion und Philosophie (500 bis 1500 n. Chr.) und das Zeitalter der Moderne, in dem Philosophie und Wissenschaft sich trennten (1500 bis heute).« (DKZ, S57) Allerdings ist diese Chronologie eine Näherung und bedeutet keineswegs, dass es die einzelnen Methoden nur in jenen Epochen gegeben hat. Es sind ihre jeweiligen Blütezeiten, die Epochen, in denen sie geschichtsmächtig sind.

Öcalan versucht zunächst, ähnlich wie auch die historisch-materialistische Forschung, in den ideellen Auseinandersetzungen auf mythologischem, religiösem, wissenschaftlichem Gebiet die realen gesellschaftlichen Kämpfe zu dechiffrieren. In den heißen Phasen der Geschichte können wir »viele gnadenlose Kämpfe zwischen Mentalitäten und Ideen genauso wie physische Kämpfe« beobachten. So »gelangen wir an die Wurzel vieler Phänomene und Ereignisse in Religion, Philosophie, Ethik und Kunst, die wir ideologischen Kampf nennen. Die in Mythologien und Religionen zuhauf anzutreffenden Konflikte sind im Kern wirtschaftliche und politische Kämpfe. Bis zur Entstehung der kapitalistischen Mentalität wurden alle Kämpfe im Bereich der wirtschaftlichen und politischen Macht stets unter einem Schleier von mythologischen und religiösen Erscheinungen dargestellt.« (DKZ, S55)

Das lässt sich zunächst einmal unschwer nachvollziehen. Wenn Marduk, der Stadtgott Babylons, die Muttergöttin Tiamat grausam abschlachtet, um sich zum uneingeschränkten Herrscher zu erheben, spiegelt sich im Mythos die veränderte Rolle der Frau in den sich herausbildenden patriarchalen Klassenstaaten wider. Wie Enkidu, der Gefährte des legendären Gilgamesch, in den verschiedenen Versionen dieses ersten großen Epos der Menschheitsgeschichte porträtiert wird, sagt einiges darüber aus, wie die Stadtbewohner die (halb-)nomadischen Hirtenvölker außerhalb der urbanen Zentren gesehen haben. Und die Vertreibung von Adam und Eva aus dem Paradies kann man als »Gleichnis, das vom Beginn der Klassengesellschaft berichtet« (GE1, S78), lesen : Eva wird zur von Schmerzen geplagten Geburtsmaschine, Adam zum mühselig schuftenden Ackerbauern.

Öcalans Interesse an Mythologie und Religion bleibt aber nicht bei der Identifizierung der wirklichen gesellschaftlichen Konflikte in den Gleichnissen stehen. Er versucht, die vorwissenschaftlichen Denkweisen nicht einfach als »primitiv« abzuqualifizieren und beiseite zu legen. Er nutzt sie auch, um der für den Kapitalismus charakteristischen wissenschaftlich-positivistischen Methode ihre Mängel aufzuzeigen.

Das mythologische Denken diente zwar spätestens mit der Gründung der ersten mesopotamischen Stadtstaaten zum einen der

Absicherung der Macht der herrschenden Klassen. Doch zugleich ist es ein holistisches Denken, das Orientierung in einer überwältigenden Wirklichkeit bietet. »Der Mythologie liegt eine bestimmte Weltsicht zugrunde. Die Natur gilt als lebendig, beseelt und voller Geister«, schreibt er im ersten Band des *Manifests der Demokratischen Zivilisation* (ZuW, S43). Mythen sind, so Öcalan, »mit Utopien verwandt und für den Menschen als Sinn stiftende Denkweise unverzichtbar«. Anders als die positivistische Methode, die auf die grenzenlose Nutzbarkeit der Natur abzielt, ist die mythologische »definitiv umweltorientiert, weder deterministisch noch fatalistisch und sie erlaubt Freiheit. Ihre Haltung zum Leben harmoniert mit der Natur.« (ebd.)

Man kann natürlich nicht behaupten, Öcalan wolle zurück in ein vorwissenschaftliches Zeitalter, aber er gesteht dem mythischen Denken zu, Bedürfnisse des menschlichen Denkens befriedigt zu haben, die durch die Perspektive der positivistischen Methode der kapitalistischen Moderne auf der Strecke blieben. Er geht sogar so weit zu sagen: »Wir müssen sie« – die mythologische Methode – »rehabilitieren und der Mythologie neuen Sinn einhauchen.« (ebd.) Man muss das nicht als verschrobene Esoterik lesen. Man kann sich auch vergegenwärtigen, dass zur Zeit des Höhepunkts des Deutschen Idealismus, formuliert zum Beispiel im »Ältesten Systemprogramm des Deutschen Idealismus«, der Gedanke einer »neuen Mythologie« aufkam – und zwar keineswegs als Abkehr von einer an Vernunft orientierten Weltanschauung, sondern als »Mythologie der Vernunft«.

Für Öcalans eigenes System bleibt als zu bewahrendes Moment der Mythologie, wie wir noch sehen werden, die Aufgabe, die wissenschaftlich gewonnenen Erkenntnisse in eine »große Erzählung«, einen sinnstiftenden Gesamtzusammenhang einzuweben. Nicht das einfache Feststellen und Aneinanderreihen von Ereignissen bedeutet etwa ein Begreifen der Geschichte – das wäre reiner »Positivismus«. Vielmehr liegt im Begreifen der inneren Ordnung des Geschehenen, das zugleich Orientierung für das politische Handeln in der Gegenwart gibt, die eigentliche Erkenntnis.

Zeigt der Rekurs auf die Mythologie das Defizit an Sinnstiftung und Erfassung der Totalität, das der modernen wissenschaftlichen

Methode innewohnt, so macht auch die religiöse Methode eine Leerstelle sichtbar. Öcalan beschreibt die Religion zwar zunächst deutlich negativer als das mythologische Denken. Die religiöse Methode ist in erster Linie eine »Legitimierung der sklavischen Unterwerfung und die Etablierung des Massenfatalismus durch tausende Jahre starrer Traditionen« (ZuW, S45). Sie verankert die Dichotomie zwischen einer passiven Gesellschaft sowie der Natur und einem schöpferischen transzendenten Gott. Und genau wie die spätere wissenschaftliche Methode tötet sie die lebendige Natur und die Gesellschaft ab, denn letztlich ist nur Gott Aktivität.

Aber auch das religiöse Denken entwickelt eine Seite, die Öcalan als wertvoll erachtet. Es leistet »einen bedeutenden Beitrag zur Entwicklung der Moral in der Gesellschaft«, arbeitet die Unterscheidung zwischen Gut und Böse heraus und stellt »strenge moralische Regeln auf«. Explizit meint Öcalan damit nicht den jeweiligen konkreten *Inhalt* der religiösen Gebote. Vielmehr geht es ihm darum, festzustellen, dass keine Gesellschaft ohne eine Ethik des Zusammenlebens und verbindliche Regeln bestehen kann. »Eine Gesellschaft ohne Moral würde zur Selbstauslöschung der menschlichen Art oder zur völligen Vernichtung der lebensnotwendigen Umwelt führen, was auf dasselbe hinausläuft.« (ZuW, S46)

Das Aufkommen der dritten geschichtsmächtigen Denkweise, der »wissenschaftlichen Methode«, ist – auch, wenn sie das selbst nicht wahrhaben will – ebenfalls ein Resultat gesellschaftlichen Wandels. »Die kapitalistische Form der Ausbeutung war die treibende Kraft hinter diesem Übergang. Die Ausbeutung im Namen des Profits erfordert in jeder Hinsicht eine Veränderung der Gesellschaftskonzepte. Ausschlaggebender Faktor für die Geburt der ›wissenschaftlichen Methode‹ war dieser Bedarf.« (ZuW, S47)

Was macht nun diese »wissenschaftliche Methode«[4]? Sie räumt erst einmal ordentlich auf. In einem auf dem Schlachtfeld der Ideen

4 Öcalan verwendet den Begriff »wissenschaftlich« keineswegs einheitlich und vor allem nicht durchweg negativ. Er kritisiert eine bestimmte dominante Form von Wissenschaftlichkeit, nicht schlechthin jede Wissenschaft. Zudem hält er sich nicht immer an ein Vokabular, sondern fordert von seinen Leser*innen, den Kontext zu verstehen. Beispielweise spricht er häufig ablehnend vom »wissenschaftlichen Sozialismus« – wegen seines positivistischen Gehalts -, dann aber auch wieder von einem von Dogmatismus und Verflachung bereinigten »wissenschaftlichen

ebenso brutalen Prozess, wie die Herausbildung des Kapitalismus in der gesellschaftlichen Wirklichkeit einer war, ziehen Feldherren wie Francis Bacon (1561 – 1626), René Descartes (1596 bis 1650), David Hume (1711 – 1776) oder Immanuel Kant (1724 – 1804) in den Krieg gegen die Dogmen der Religion. Es wird ohne Rücksicht auf Verluste an allen überkommenen Gewissheiten gezweifelt.

Folgen wir zum Beispiel Descartes in seine berühmte »Abhandlung über die Methode, richtig zu denken und die Wahrheit in den Wissenschaften zu suchen« – um einen Einstieg in diesen Paradigmenwechsel zu finden. Descartes geht von der methodischen Prämisse aus, alles, wirklich alles in Zweifel zu ziehen, was er nicht »clare et distincte«, »klar und deutlich«, einsehen kann. Er macht es sich nicht leicht, erfindet sich noch einen »böswilligen Gott«, der ihn ja in bestimmten Eindrücken täuschen könnte. Am Ende findet er Halt in seinem berühmten Satz: »Ich denke, also bin ich.« Darin meinte er einen Angelpunkt zu finden, den selbst die »übertriebensten Annahmen der Skeptiker [...] nicht erschüttern« können.

Das Problem ist: Was ist jetzt mit dem ganzen Rest? Zurückgezogen in den letzten Fluchtpunkt seiner Subjektivität fand sich Descartes vor großen Schwierigkeiten aus diesem Prinzip wieder in die Welt zurückzukehren. Er schummelt dann – das ist für unsere Zwecke aber belanglos. Wichtig ist, dass er sich die gesamte äußere Welt nur im Gegensatz zur »res cogitans«, der »denkenden Substanz«, als bloß »ausgedehnte Substanz« (»res extensa«) zu erschließen vermag. Das Resultat ist ein harter Dualismus, der nicht nur Descartes, sondern die gesamte weitere europäische Philosophiegeschichte weiter beschäftigen wird. Das Subjekt, das denkende Ich, wird in sich selbst eingeschlossen. Und weil Geist nur im denkenden Ich ist, bleibt bei Descartes alles Übrige als tote mechanische Anordnung zurück. Tiere, aber auch die Körper von Menschen sind Maschinen, denen der Geist quasi extern Impulse geben muss. Die Welt ist zerrissen: Geist hier, Materie da. Ich hier, die Welt da. Subjekt hier, Objekt da. Und dazwischen ein Graben.

Sozialismus«, der »unverzichtbarer Ratgeber für Praxis und Leben der Menschheit auf dem Weg zu einem neuen zivilisatorischen Aufbruch« sein könne (GE1, S433)

Öcalan sieht die Basis der modernen positivistisch-wissenschaftlichen Methode genau in diesem Denken in abstrakten Gegensätzen. »Schematische Dichotomien, die das Denken bestimmen (subjektiv/objektiv, idealistisch/materialistisch, dialektisch/metaphysisch, philosophisch/wissenschaftlich oder mythologisch/religiös)« behindern das Verstehen, schreibt er (ZuW, S52). Und er warnt uns: Es geht hier nicht einfach um akademische Erbsenzählerei. Wie wir denken und die Welt begreifen, hat Auswirkungen auf unser gesellschaftliches Handeln. Und die Konsequenz eines Denkens, das die Welt samt der menschlichen Körper zum vermess- und verwertbaren Objekt degradiert, ist die Vernichtung der Lebensgrundlage des Menschen sowie seiner sozialen Beziehungen. Und die Konsequenz eines Subjekts, das sich gleichermaßen von Gesellschaft wie Natur in sich zurückgezogen hat, ist ein zerstörerischer Individualismus und Egoismus.

Es gebe nichts, das nicht »unter dem Motto der ›Objektivität‹ manipuliert« würde: »Nicht nur die menschliche Arbeit, sondern die gesamte belebte und unbelebte Natur kann in Eigentum verwandelt werden.« Dieses Denken entspricht einem selbstmörderischen Zugriff auf Mensch und Natur, wie er von den kapitalistischen Monopolen und Staaten umgesetzt wird: »Der alte Leviathan ist tollwütig geworden; kein Objekt, das er nicht beherrschen, keines, das er nicht zerschlagen kann. Wir müssen verstehen, dass das Verständnis des objektiven Ansatzes als eines unschuldigen Begriffs der wissenschaftlichen Methode zu großen Katastrophen, Verirrungen und Massakern führt, die gnadenloser sind als die der mittelalterlichen Inquisition.« (ZuW, S48)

Ein sinnvolles Ganzes

Was aber schlägt Öcalan stattdessen vor? Das ist gar nicht so leicht zu sagen, an vielen Stellen bleiben die Antworten fragmentarisch und der Autor gesteht ein, selbst auf der Suche zu sein. Dass das so ist, hat seinerseits einen systematischen Grund. Während eines Epochenwechsels zeigt sich zwar schon die »Untauglichkeit des alten, verwurzelten Denkens (oder auch der ideologischen Strukturierung) angesichts des sich abzeichnenden neuen Lebensstils«. Aber das Neue ist erst im Begriff, geboren zu werden, und deshalb sind diese Perioden Zeiten des Zweifelns und der Suche: »Wie sollen die neuen Denkmuster, die conditio sine qua non des neuen gesellschaftlichen Lebens, gestaltet werden? Der große Zweifel ist die Besonderheit dieser Zwischenstufe.« (DKZ, S26)

Dennoch können wir Grundzüge dessen, wonach Öcalan in seiner politischen Philosophie sucht, formulieren. Er möchte den bürgerlichen Positivismus sowie das mechanisch-materialistische Denken, das trotz der Kritiken von Marx oder Lenin in den kodifizierten marxistisch-leninistischen Lehrmeinungen fortbestand, überwinden.

Die natürliche Welt ist ihm keine Ansammlung toter Materie, die gesellschaftliche Welt keine deterministisch zu deutende Abfolge von Notwendigkeiten. Das gesamte Sein, das natürliche wie das soziale und geistige, sind als sinnvolles Ganzes in ihrem Zusammenhang zu verstehen. »Unsere Philosophie begreift das Leben als ein Ganzes und lädt alles mit Bedeutung auf: von der Ahnung des Sinnes in den Augen eines Pferdes bis zum Versuch, den Sinn in einer Vogelstimme herauszufinden, vom großen Respekt vor weisen Alten bis zum Versuch, auf die Neugier im Blick eines scheuen Mädchens eine Antwort zu geben.« (DKZ, S36)

In der Passage sind zwei Elemente enthalten, die uns ein wenig an das heranführen, was Öcalan mit diesen Überlegungen will. Zum einen wird die alte metaphysische Frage nach dem Sinn, der Bedeutung des Lebens und der Welt im Ganzen wieder aufgegriffen. In ihrer bekanntesten klassischen Formulierung von Gottfried Wilhelm *Leibniz* (1646 – 1716): »Warum ist überhaupt etwas und nicht vielmehr nichts?« Für den positivistischen Szientismus ist die Frage sinnlos, denn hier gibt es nichts zu messen oder zu vergegenständlichen. Öcalan aber meint: »Wenn wir dem Menschen die metaphysische Welt nehmen oder zerstören, bleibt nichts als eine tote Hülle.« (DKZ, S241)

Zum zweiten stellt Öcalan den Begriff des »Lebens« in den Mittelpunkt. Er kommt in den Schriften sehr oft und an entscheidenden Stellen vor, gelegentlich bezeichnet Öcalan seine Philosophie als »Lebensphilosophie« oder »Philosophie des freien Lebens«. Eine politische Philosophie muss – wie es in *Zivilisation und Wahrheit* heißt -, Sinnzusammenhänge entwickeln, »um Lebensweisen zu entwickeln, die voller Zauber und Utopien sind« (ZuW, S36).

Alles Seiende wird von Öcalan als Teil eines belebten, sich entwickelnden und in sich sinnvollen Kosmos verstanden. Vom Mikrokosmos atomarer und subatomarer Materie über die biologische Welt bis zum Menschen drückt sich die Lebendigkeit der Welt aus. Der Mensch erscheint in dieser Optik als »Anordnung denkender und lebendiger Materie«, aber auch die nicht-menschliche Materie ist nicht einfach tot, sondern existiert im Wechselspiel von Kräften. Und schon die unbelebte Materie enthält »das Potenzial zum Lebendigsein« (ZuW, S60). Die Quantentheorie deutet er als Beleg dieser Auffassung (vgl. JSMG, S7), jedenfalls aber als Widerlegung des alten mechanischen Materialismus.

Wie der US-amerikanische Öko-Sozialist Murray Bookchin verwendet Öcalan zur Beschreibung der nicht-menschlichen Natur den Begriff »Erste Natur« und nennt die gesellschaftliche, bewusste Existenz des Menschen »Zweite Natur«[5]. Auch die »Erste Natur« hat »intelligenzähnliche« Züge, wenngleich man nicht wie Hegel von einem »Geist« sprechen könne, erwägt Öcalan (SdF, S58).

Die Entwicklung in Natur, Gesellschaft und Geschichte ist eine der Verwirklichung des im Universum angelegten Potentials – nicht linear, sondern in Widersprüchen. Dass qualitativ Neues entsteht – auch in der angeblich toten vormenschlichen Welt – sieht Öcalan als Zeichen für die Lebendigkeit des Alls: »Ist nicht die Neigung des Universums zur Entwicklung schon der Beweis für seine Lebendigkeit? Kann sich etwas, das kein Leben besitzt, entwickeln?« (ZuW, S63) Ganz wie in der dialektischen Tradition von Hegel bis in den Marxismus beschreibt Öcalan die Entwicklung als »Aufhebung«: »Einer der bemerkenswertesten Aspekte der Evolution ist die Tatsache, dass eine spätere Stufe die vorherige Stufe in sich aufhebt und als ein bereicherndes Element bewahrt und erhält.« (ebd. S62) Hegel bereits hatte das Wort »Aufheben« wegen der sprachlichen Vereinigung von drei Momenten in einem geschätzt: »Aufheben« meint sowohl das Negieren, also Verneinen von etwas, sowie das Bewahren und drittens das Erheben auf eine höhere Stufe.

5 Vergleiche etwa: Ecology of Freedom, S. 279

Den Menschen sieht Öcalan als einen Höhepunkt in der Entwicklung der lebendigen Natur. Im Menschen beginnt die lebendige Totalität die Augen aufzuschlagen, sich selbst zu begreifen. Öcalans Denken ähnelt hier stark dem Murray Bookchins. Letzterer betonte stets die dialektische Einheit des Menschen mit der Natur. Die Geschichte, die sich in der Natur abspielt, so Bookchin, sei die »einer Natur, die mehr und mehr ihrer selbst gewahr wird, einer Natur, die langsam neue Kräfte der Subjektivität erwirbt, und aus der eine bemerkenswerte Lebensform von Primaten hervorgeht, genannt Menschen, die die Kraft haben, sich ihre Umwelt zu wählen, sie zu verändern und zu rekonstruieren – und die damit das moralische Problem aufwerfen, was getan werden *sollte*, und die nicht einfach unhinterfragt mit dem leben, *was ist*.« (Bookchin 1990, S41)

Das qualitativ Neue dabei ist, dass der Mensch als gesellschaftliches Wesen existiert. »Die Rolle des Menschen bei der Formung der Gesellschaft und die Rolle der Gesellschaft für die Formung des Menschen sind einzigartig«, schreibt Öcalan (ZuW, S68). Was und wie Menschen existieren, denken, die Welt verstehen und handelnd verändern, entwickelt sich im widersprüchlichen Zusammenspiel von Individuum um Gesellschaft: »Die Gesellschaft wird von Menschen gebildet, und genauso bildet und erschafft sie die menschlichen Individuen.« (ebd. S69) Das denkende Verstehen des Menschen, der sich und seine Welt zu begreifen versucht, findet in seiner geschichtlich-konkreten Beziehung zur sich entwickelnden Gesellschaft statt. Es hat eine konkrete Zeit und einen konkreten Raum. Und es wirkt seinerseits auf diese Entwicklung ein.

Öcalans Methodenkritik bedeutet nun keineswegs, dass er mythologische, religiöse oder wissenschaftlich-positivistische Denkweisen für letztlich wertlos hält und dagegen eine ganz neue, noch nie dagewesene eigene Methode vorschlägt. »Gegner einer Methode zu sein, bedeutet weder, die Methode vollständig zu negieren, noch eine alternative Methode zu suchen. Es ist wertvoller, sich einer Interpretation der Methode zu öffnen, die der Option auf ein freies Leben näher steht. Wenn das Ziel ist, den Sinn des Lebens zu finden, so sollte die Methode dem dienen«, schreibt er (ZuW, S51). Wogegen er sich wendet, ist zunächst die Verabsolutierung einer einzigen Methode zur alleingültigen. Jede der Methoden weist von sich aus auf die ihr immanenten Widersprüche. Das menschliche Denken als freies Denken ist zugleich die Selbstkritik der jeweiligen Methode, indem diese Grenzen erkannt werden.

Am Beispiel des »analytischen Denkens« (also dessen, was die Grundlage von Szientismus und Positivismus ist): Die analytische Intelligenz kann, wenn sie »in positiver Weise verwendet wird«, die Welt »für die menschliche Spezies in einen Ort ständiger Freudenfeste, ein Paradies verwandeln«. Und »in positiver Weise verwendet« wird sie, wenn sie »sehr gut kontrolliert« wird, damit sie »im Dienste der Gesellschaft nützlich« ist. (SdF, S72f) Theoretisch bedeutet das, das analytische Denken darf nicht verabsolutiert und selbst zu einem Glaubenssystem ewiger Gesetze gemacht werden, sondern erhält seinen Platz im Gesamten des Denkens durch den systematischen philosophischen Entwurf. Praktisch bedeutet das, dass Gemeinwohl dem analytischen Denken seine Richtung vorgibt und nicht der maßlose Drang zur Akkumulation der Monopole.

Als Komplement zur »analytischen Intelligenz« führt Öcalan die »emotionale Intelligenz« ein, als eine Art »instinktiver« oder intuitiver Vernunft. Diese ist zum einen die »primäre Intelligenz der Umwelt« (SdF, S385), zum anderen auch im Menschen die evolutionär ältere Form der Intelligenz, die sich in Gefühlen und Ahnungen ausdrückt. »Alle Lebewesen, vom primitivsten bis hin zum Menschen als am höchsten entwickelter Spezies, operieren mit unfehlbaren Vernunftprinzipien. Diese Art der Vernunft, die wir auch natürliche oder emotionale Vernunft nennen können, ist instinktiv. Sie ist durch sofortige Reaktionen auf Reize charakterisiert«, so Öcalan (SdF, S69). Die – insbesondere in der kapitalistischen Moderne – eintretende Entfremdung von analytischer und emotionaler Intelligenz wertet Öcalan als eine Gefahr. Das entfesselte analytische Denken, wenn es nicht »mit spontanen, intuitiven Gedanken der emotionalen Intelligenz verbunden wird, kann (...) die Menschheit ausrotten wie die Dinosaurier.« (ZuW, S54)

Da die Art und Weise, wie wir denken, zugleich in enger Verbindung zu dem steht, wie wir gesellschaftlich handeln, ist die kritische Reflexion der verabsolutierten Methoden zugleich eine Intervention in den Handlungsspielraum der gesellschaftlichen Subjekte. »Unser Denken ist untrennbar mit unserer Handlungsmacht verbunden, unserer Möglichkeit, durch zielgerichtetes Handeln die Wirklichkeit zu verändern«, kommentiert der deutsche Internationalist Michael Panser Öcalans Thesen. »Politische Theorie ist Arbeit am Bewusstsein, Bewusstwerdung über den individuellen und kollektiven Handlungsrahmen und Realitätszugang.« (Bager, S47) Diese Arbeit am Bewusstsein – und damit die Entwicklung neuer Handlungsperspektiven – vollzieht sich im Begreifen der menschlichen Geschichte und ihrer Entwicklung. Dieses Begreifen aber wiederum muss sich ständig frei machen von den Verengungen, die durch die Verabsolutierung einer der kritisierten Methoden entsteht.

Die Freilegung der gesellschaftlich-geschichtlichen Entwicklung in ihrem sinnhaften Zusammenhang ist gebunden an den politischen Zweck der Überwindung einer den Menschen entmündigenden, knechtenden Gegenwart. Gesellschaftliche Geschichte ist »Geschichte der Freiheit« (ZuW, S74), genauer: Geschichte des Ringens um Freiheit und der Entwicklung des Bewusstseins von Freiheit. Ihre Vergegenwärtigung und Aktualisierung ist Bedingung der Möglichkeit, sie bewusst fortzusetzen. Und die kann nur gelingen, wenn das Denken sich zugleich der Grenzen einseitiger Wirklichkeitszugänge vergewissert und sich der Knechtung durch diese hegemonialen Methoden entzieht.

Die Methode des freien Denkens kann deshalb auch nicht einfach abstrakt und ein für alle Mal dargelegt und danach korrekt »angewandt« werden. Sie ist im Denken des konkreten Gegenstands vollzogene Denkbewegung, die zugleich kritisch die eigene Denkweise am Gegenstand überprüft. Die Methode ist der Weg zur Konstruktion des sinnstiftenden Ganzen. Und dieses kann nicht gegen die Resultate der Wissenschaften konstruiert werden. Aber es muss die Einsichten von Physik, Biologie, Geografie, Archäologie, Anthropologie, Geschichte usw. in den sinnvollen Gesamtzusammenhang bringen. Die »Großen Erzählungen« sind nicht tot – wie ein siegestrunkenes Bürgertum behauptet. Im Gegenteil verlieren ohne sie auch die in den spezialisierten Wissenschaften festgestellten Einzeltatsachen ihre Bedeutung. Die Konstruktion des sinnstiftenden Ganzen ist das anzutretende Erbe von Mythologie, Religion, Wissenschaft und Philosophie.

Eine Philosophie des Lebens ist, das betont auch Öcalan, immer dialektische Philosophie. Warum? Weil Leben Entwicklung ist und sich Entwicklung, will man ihre Quelle nicht in irgendeinen Gott verlagern, nur aus Gegensätzen und Widersprüchen begreifen lässt. In seiner *Soziologie der Freiheit* beschreibt Öcalan die Methode seines eigenen Denkens explizit unter Rekurs auf Marx: »Besonders unterstreichen muss ich dabei, dass ich die von Karl Marx im Kapital angewandte dialektische Methode auf die Zivilisation anwende.« (SdF, S462).

Öcalans Ziel ist es, die Welt als einen dialektischen Gesamtzusammenhang zu begreifen, der im Gattungswesen Menschen zu sich selbst kommt, also sich seiner »gewahr wird«: »Die Definition des Lebens, die der Wahrheit am nächsten kommt, können wir als ›Gewahrwerden‹ festhalten.« (SdF, S457). Das Subjekt dieses Gewahrwerdens ist allerdings nicht ein einzelnes Individuum, sondern die menschliche Gesellschaft im Ganzen. Und wie wir später sehen werden, ist deshalb auch ihr Zu-Sich-Selbst-Kommen, ihr Xwebûn (kurdisch für »Selbstsein«), der Zweck der theoretischen wie praktischen Anstrengungen der politischen Philosophie.

Öcalans eigene Kritik an abstrakten Dichotomien bringt es mit sich, dass sich zwar die Kritik an den bestehenden Methoden als eigenes Thema behandeln, sich aber keine allzeit und für jeden Gegenstand gültige Methode als von jedem Inhalt getrennter Kodex von anzuwendenden Regeln ausformulieren lässt. Die Art und Weise, wie Öcalan die einzelnen Momente der Empirie zum sinnstiftenden Ganzen ordnet, wird deutlich, indem wir sie nachvollziehen. Und in diesem Nachvollzug werden wir immer wieder auf Überlegungen zur Methode stoßen – etwa die Kritik am »ökonomischen Reduktionismus«, die Zusammenführung von in der bürgerlichen Wissenschaft strikt getrennten »Disziplinen«, die Zurückweisung des Determinismus. Und so wird sich auch Öcalans Methodentheorie in der Betrachtung der geschichtlichen Kämpfe und seiner Entwicklung politischer Perspektiven für die Gegenwart weiter konkretisieren.

Kapitel 2
Zwei Ströme in der Menschheitsgeschichte

Politisches Denken soll uns Handlungshorizonte erschließen, hat Öcalan argumentiert. Indem wir unsere Gegenwart begreifen und die Kräfte, die in ihr wirken, analysieren, legen wir zugleich offen, wie wir sie verändern können. Nun haben wir bereits gesehen, dass der Mensch ein gesellschaftliches Wesen ist und dass sein Denken und Handeln in konkreten historisch gegebenen Konstellationen stattfindet. Wenn wir also unsere Gegenwart begreifen wollen, müssen wir ihre Geschichte verstehen. »Eine Gesellschaft, deren Verbindung mit ihrem Gedächtnis, ihrer Geschichte, gekappt ist, und die Wissenschaft einer solchen Gesellschaft werden immer kurzsichtig der Macht dienen«, so Öcalan (DKZ, S58).

Das klingt selbstverständlich. Aber gleich anschließend kommt die Frage auf: Wo fängt man da wieder an? Am Beispiel der Wirklichkeit der kurdischen Gesellschaft heute: Fängt man bei der Gründung der Arbeiterpartei Kurdistans (PKK) im Jahr 1978 an, mit der die noch andauernde Phase des Befreiungskampfes der Kurd*innen begann? Fängt man bei der Gründung der Türkei am 29. Oktober 1923 und den zur Durchsetzung des türkischen Nationalismus verübten Massakern etwa in Dersim 1937/1938 an? Fängt man beim Ersten Weltkrieg und dem Sykes-Picot-Abkommen von 1916 an oder der daran anschließenden kolonialen Grenzziehung, die die kurdischen Siedlungsgebiete schließlich auf die Territorien von vier Nationalstaaten aufteilte?

Öcalan besteht darauf, dass all das nicht reicht. Denn um etwa zu verstehen, wie sich der türkische Nationalstaat durchsetzt, müssen wir verstehen, was ein Nationalstaat ist und wie er historisch entstanden ist. Imperialismus und Kolonialismus können wir wiederum nicht verstehen, wenn wir Kapitalismus nicht verstehen. Aber woher kommt der eigentlich? Er ist ja auch nicht von Ewigkeit her einfach da. Und was ist mit dem Patriarchat, diesem Tausende Jahre alten Unterdrückungsregime? Generell gilt: Wenn wir, was Öcalan ja ausdrücklich anstrebt, die Erforschung der Geschichte zu dem Zweck betreiben, die Möglichkeitsräume für ein freies Leben zu vermessen, müssen wir uns die Geschichte derjenigen Institutionen, Verhältnisse und Mentalitäten vergegenwärtigen, die einem solchen entgegenstehen. Und wiederum der vielfältigen Geschichte des Widerstands dagegen.

Der Ausgang aus dem Paradies und die Errichtung des Zikkurat

Öcalan will also ganz zurück, an den Anfang der Menschheitsgeschichte. Denn auch, wenn sie sich gerne so darstellen: Weder Staaten, noch Klassenherrschaft oder Patriarchat waren »immer da« oder gehören zur gleichsam »natürlichen« Existenzweise des Menschen. Was aber war vorher?

Öcalan verwendet in verschiedenen Stadien seines Werks unterschiedliche Begriffe für die Gesellschaft am Anfang der Geschichte, also vor der Errichtung staatlicher Herrschaft, vor der Ausdifferenzierung in Klassen und vor dem Patriarchat. Bisweilen nennt er sie »natürliche Gesellschaft«, manchmal »primitive Kommunalgesellschaft«, »Urgesellschaft« oder »Klangesellschaft«; am präzisesten ist vielleicht »kommunal-matriale Gesellschaft«[6].

In *Jenseits von Staat, Macht und Gewalt* schreibt er: »Mit dem Begriff ›natürliche Gesellschaft‹ bezeichne ich eine Ordnung von menschlichen Gemeinschaften, die mit der Abspaltung der menschlichen Art von den Primaten begann und eine lange Zeit bis zum Auftauchen der hierarchischen Gesellschaften existiert hat.« (JSMG, S7) Die Beschreibung, die Öcalan von dieser Gesellschaftsform gibt, variiert leicht in verschiedenen Schriften. Ihre gesellschaftliche Einheit ist der Stamm oder Klan. Es sind kleine Gemeinschaften, zunächst nomadisch, später sesshaft in – auch größeren – Dörfern, aber noch vor der Urbanisierung oder gar der Herausbildung von Großreichen. Sie kennen durchaus Autoritäten, aber noch keine institutionalisierten Hierarchien. Auch innere Differenzierung sozialer Funktionen kann vorhanden sein, jedoch keine Klassenspaltung.

6 *Anacıl* für »matrial« ist auch im Türkischen eine Wortneuschöpfung. Man kann nur spekulieren, warum er sie für nötig hielt. Sicher ist, dass »matrilinear« – also eine Erbschaftslinie mit der Frau im Zentrum – nicht ausreicht, für das, was er sagen will; und möglich ist, dass er den gängigen Begriff »matriarchal« nicht verwendet, um Assoziationen, die Frau habe in dieser Gesellschaft »geherrscht«, zu vermeiden.

Im Zentrum dieser Gemeinschaften steht noch nicht der dominante Mann in seiner Gestalt als Kriegsherr, König oder Priester. »Diese Gesellschaftsform bildete oder gruppierte sich unter dem Einfluss der biologischen Gegebenheiten, noch mehr aber wegen ihrer gesellschaftlichen Praxis um die Mutter-Frau«, schreibt Öcalan (DKZ, S122). Die »Mutter-Frau« nimmt diese zentrale Rolle nicht als ›Chefin‹ ein, sondern als ein »natürliches ›administratives‹ Kraftzentrum« – zum einen wegen ihrer Lebenserfahrung und der »Aufzucht von Kindern«. Zum anderen schreibt Öcalan, als »die Ordnung der Sesshaftigkeit in Behausungen begann, wuchs die Rolle und Attraktivität der Mutter-Frau als Zentrum noch weiter« (ebd.) – was offenbar auf die wichtige Funktion von Frauen bei der Domestizierung von Pflanzen während der neolithischen Revolution anspielt. Die Wissensproduktion in diesen frühesten Gemeinschaften sei ebenfalls über die Frau vermittelt gewesen, da diese »das Wissen über die Entstehung des Lebens und die Geburt besaß und die Natur beobachtete« (JSMG, S10).

Der Zusammenhalt innerhalb der Klan-Gemeinschaft ist für Öcalan unvermittelt – einen Gegensatz von Individuum und sozialer Gruppe habe es noch nicht gegeben. Die Devise lautete »alle oder keiner«. Insofern sei diese Form der Gemeinschaft »frei von Privilegien, Klassen und Hierarchien«, gründe nicht auf dem »Herrschaftsprinzip«, sondern auf dem »Solidaritätsprinzip«, so Öcalan (ebd., S9f).

Auch das Mensch-Natur-Verhältnis blieb noch in der Unmittelbarkeit. Zu Beginn der Millionen Jahre andauernden Entwicklung war der Mensch ohnehin noch kaum aus dem Tierreich getreten, und er begann erst, sich von der Herde zu unterscheiden. Aber noch lange danach verstand er sich als Teil der ihn umgebenden Natur: »Die Menschen waren im Einklang miteinander und mit der Natur«, fasst Öcalan zusammen (JSMG, S11). Religionsgeschichtlich findet der Klan seine Einheit im »Totem«, Gegenständen, die zur symbolischen Identität des Stammes wurden, zumeist »Wesen, welche eine besondere Kraft besaßen. Die immer noch weit verbreiteten Stammesnamen wie Löwe, Falke, Schlange, Wolf, Sonne, Wind, Regen und die Namen wichtiger Pflanzen und Bäume stammen aus jener Zeit.« (ZuW, S141) Im Totemismus drückt sich für Öcalan auch ein erstes Wertesystem auf der Grundlage von »Heiligkeit« und »Tabus« aus.

In der Jungsteinzeit erreicht die »kommunal-matriale« Gesellschaftsordnung ihre Hochphase. Im Zuge der »neolithischen Revolution« – Sesshaftwerdung, Kultivierung von Ackerbau, Domestizierung von Tieren – entstanden im Fruchtbaren Halbmond, dem Gebiet um die Taurus-Zagros-Gebirgskette, um 10 000 v.u.Z. zunächst größere Ansiedlungen, die Öcalan »kollektive Siedlungen« nennt. Die jungsteinzeitlichen Siedlungen blühen auf. Die Halaf-Kultur (ca. 5900 bis 5000 v.u.Z.) dokumentiert die Entwicklung wichtiger Kulturtechniken. Alle »Werkzeuge (...), die zur Herausbildung der Zivilisation vonnöten waren«, waren nun vorhanden: »Das Töpferhandwerk, die Axt, der Pflug, das Scheren von Wolle, das Weben, Getreidemahlen, kollektive Dorfbauten, das Rad, halbmetallische Gegenstände aus Kupfererz, die Sterne als Symbolträger und eine auf dem Glauben an Götter basierende Ideologie sind das große Erbe der Menschheit in dieser Morgendämmerung der Geschichte«, bilanziert Öcalan (GE1, S51).

Die Sesshaftwerdung und die Entwicklung von wirtschaftlichen wie kulturellen Techniken vollziehen sich zunächst immer noch in vor-staatlichen Gemeinschaften, in deren Zentrum weiterhin die Frau steht, die für Essen, Kleidung und andere Gebrauchsgegenstände sorgt. Hinweise für die herausgehobene Position der Frau sieht Öcalan in den Frauenfiguren dieser Epoche sowie der bedeutenden Rolle, die Göttinnen in der Mythologie einnahmen. Die Sesshaftwerdung führt zunächst eher zu einer noch bedeutenderen Rolle der Frau. Die »Mutter-Göttin« ist der wichtigste mythische Topos dieser Phase.

Das mesopotamische Neolithikum ist eine Zeit immenser Kreativität. Eine reiche Flora und Fauna treffen auf Gemeinschaften mit neuen Techniken auf allen Gebieten: Transport, Ackerbau, Viehzucht, Ernährung, Kultur, Religion. »Tausende Neuerungen bedeuten Tausende neue Namen und Tausende mentale Revolutionen. Wir reden von einer explosiven Entwicklung« (ZuW, S128), schwärmt Öcalan und fügt hinzu, dass der später geschaffene Begriff des »Paradieses« eine kollektive Erinnerung an diese – dann schon verlorene – Fülle ist. (Vgl. GE1, S67)

Doch der Höhepunkt der kommunal-matrialen Gesellschaft ist zugleich der Beginn der Periode ihres Übergangs in ihr Gegenteil. In Mesopotamien entstehen im 4. Jahrtausend v.u.Z. die ersten Städte, die zunächst im 3. Jahrtausend zu regionalen Mächten und dann zu Zentren von Großreichen werden. Ur und Uruk, Akkad und Babylon betreten die weltgeschichtliche Bühne. Das Leben in den urbanen Ballungsräumen unterscheidet sich drastisch von dem der Nomaden oder der Dorfgemeinschaften. Sklaverei und andere Formen unfreier Arbeit entstehen. Der Handel weitet sich aus. Ein ausgefeiltes System der Verwaltung samt Abgaben wird eingeführt. Stadtmauern halten Eindringlinge ab und Fluchtwillige auf. In den Gesellschaften bildet sich eine ausdifferenzierte Hierarchie samt mythisch-religiöser Absicherung. Das Patriarchat verdrängt die Frau aus ihrer zentralen Rolle in der Gesellschaft. Der Staat wird geboren – und mit ihm systematische Unterdrückung und Ausbeutung.[7]

Der Übergang von der kommunal-matrialen Gesellschaft zur staatlichen, klassengesellschaftlichen und patriarchalen Zivilisation vollzieht sich aber nicht als plötzlicher Bruch. In der Fülle des Neolithikums im fruchtbaren Halbmond Mesopotamiens sind jedoch seine notwendigen Voraussetzungen geschaffen. Die wichtigste: Es entsteht durch die Produktivkraftentwicklung die Möglichkeit, sich Surplus aus anderer Menschen Arbeit anzueignen. »Auch wenn es eine Vielzahl an Eigenschaften gibt, durch die sich Zivilisation definieren ließe«, schreibt Öcalan, so sei doch das »entscheidende« Merkmal, dass nun »Produktivität weit über den eigenem Verbrauch«, und damit Sklaverei und Eigentum entstünden (GE1, S52). Damit Ausbeutung entstehen kann, muss zumindest im Prinzip mehr produziert werden können, als die Produzenten zur Subsistenz brauchen. Diese Situation war nun eingetreten.

Schon während der Obed-Zeit (ca. 5500 bis 3800 v.u.Z.) beginnen erste Veränderungen im gesellschaftlichen Gefüge. Eroberungen und Feldzüge finden statt, die Mutter-Göttin beginnt ihre Stellung einzubüßen. Die Trias aus Schamane, Scheich und Ober-

7 Im aktuellen Forschungsstand zur Frühgeschichte der Staaten findet man erstaunliche Parallelen zu Öcalans Thesen über den Beginn der Staatlichkeit. Vgl. etwa Scott 2019.

befehlshaber – also aus religiöser, Verwaltungs- und militärischer Macht – gewinnt an Einfluss. Der »Uruk«-Zeit im 4. Jahrtausend v.u.Z. kommt dann das Privileg zu, »als erste Stadt-Klassen-Staat-Gesellschaft, also Zivilisation, die geschriebene Geschichte einläuten zu können« (DKZ, S167).

Wie wir später sehen werden, wird Öcalan auch einen positiv besetzten Begriff von Zivilisation entwickeln, nämlich den von der »demokratischen Zivilisation«. Zunächst aber steht »Zivilisation« als Synonym für Urbanisierung, staatliche Herrschaft, Klassenausbeutung und Unterdrückung der Frau. Letztere drückt sich in den Mythen der Zeit aus. Die Figur der (Mutter-)Göttin symbolisiert für Öcalan die ursprüngliche Kommunalgesellschaft und ihre »matriale« Ausrichtung, also die Stellung der Frau im Mittelpunkt der Gesellschaft. Zugleich spiegelt die mythologische Niederlage der Göttinnen das Aufkommen des Patriarchats und die Machtübernahme durch die Priester, den »listigen und starken Mann«, »alten Weisen« und Schamanen.

Eine der wichtigsten Göttinnengestalten für Öcalans Theoriebildung ist die altmesopotamische Göttin Ištar / İnanna. Sie wird in altassyrischen, babylonischen und akkadischen Hymnen und Kunstwerken verehrt. Ihre herausgehobene Stellung ist – obwohl nach der »ersten Konterrevolution« gegen die Frau festgehalten – eine Reminiszenz der Rolle der Frau in den »kommunal-matrialen« Gesellschaften. Sie wird als »Löwin unter den Göttern«, »stärkste unter den Herrschern«, die, »die über das Universum herrscht« benannt; und sie ist die, »die Frauen die Gebärmutter öffnet«, schreibt die Matriarchatsforscherin Gerda Lerner. Die Rituale ihrer Anbetung »feierten die Heiligkeit weiblicher Sexualität und deren mysteriöse lebenschaffende Kraft«, so Lerner. (Lerner, S142f)

Für Öcalan ist der İnanna-Mythos nun zum einen zum Verständnis der historischen Etablierung des Patriarchats interessant. Denn zunächst beschreibt er noch eine Pattsituation zwischen matrialer und patriarchaler Ordnung: İnanna (als Göttin der Stadt Uruk) sucht Enki (den Gott der Stadt Eridu) auf und fordert von ihm die 104 »ME« zurück, also die grundlegenden Entdeckungen und Kulturtechniken der Zivilisation. Es gelingt ihr mit einer List – und Öcalan bewertet das als Ausdruck einer Pattsituation zwischen der

Frau und dem Patriarchat um 3000 v.u.Z. Danach allerdings geht es mit den Frauengestalten in der Mythologie rasch bergab: »Im babylonischen Schöpfungsmythos Enuma Elisch aus dem 2. Jahrtausend v.u.Z. ist die Muttergöttin Tiamat bereits zu einer fürchterlichen Hexe geworden und muss buchstäblich in Stücke gerissen werden. Der grausame Mythos spiegelt eine Unterwerfung der Frau wieder, die sich tatsächlich ereignet hat.« (JSMG, S22)

Konsolidiert und auf klassische Weise sehen wir die neue »Zivilisation« zuerst bei den Sumerern. Deren Herrschaftsgebiet erstreckt sich im 3. Jahrtausend auf die Gebiete zwischen Euphrat und Tigris von Kisch im Norden über Uruk, Ur, Lagasch bis an den persischen Golf. Sie »erfinden« geradezu den Staat. Eine zur Aufrechterhaltung der sozialen Ordnung institutionalisierte Mythologie, Eigentum und Klassenhierarchien, patriarchale Unterdrückung der Frau und Militarismus prägen das Bild der Sumerer, Akkader und Babylonier, das Öcalan zeichnet. Aber es entstehen auch Schrift und Mathematik – eng angebunden an die Notwendigkeit, das Mehrprodukt einzutreiben und den Staat zu verwalten. Kunst und Kultur erleben in Literatur und Sagen einen Höhepunkt. Mit den Rechtssammlungen von Ur-Nammu und dem Kodex von Hammurabi beginnt die rechtsförmige Kodifizierung der sozialen Verhältnisse.

Die jetzt zu Machtzentren werdenden Städte sind imposant im Vergleich zu den dörflichen Siedlungen des Neolithikums. Die soziale Struktur der Gesellschaft differenziert sich aus, die Zugehörigkeit zu jeweiligen Berufsgruppen wird wichtiger. Unterschichten und Eliten entstehen. Die Frau verliert ihre angesehene Stellung in der Gesellschaft, Priester und Könige werden dominant. Die ersten Bordelle kommen auf. Spätestens mit Sargon, dem Begründer der akkadischen Dynastie (2300 – 2120 v.u.Z.), beginnen kolonialistische, expansive Feldzüge.

Gerade die Glaubenspraktiken der Sumerer sieht Öcalan als ein mächtiges Werkzeug der Etablierung und Absicherung dieses Staates. Die Priesterschaft nimmt neben den Verwaltern eine Vorreiterrolle ein. Auch hier setzt Sumer Maßstäbe für spätere Klassengesellschaften, nämlich in der Entwicklung einer »geistigen Kontrolle (...), welche herrschende Klassenformationen auch später dem erwachenden menschlichen Verstand gegenüber stets nur verfeinert und erneuert haben« (GE1, S62). Mythen und Rituale sind der »Kitt, der Über- und Unterbauinstitutionen der Gesellschaft zusammenhielt« (ebd., S64), also politische Herrschaft und materielle Hierarchisierung miteinander vermittelt. In der sumerischen Zivilisation übernehmen die Priester zugleich die Rolle des Kommandos über die Arbeitskraft und ihre Ausbeutung. Der Priester ist »der Kapitalist, der Patron, der Agha seiner Zeit« (ZuW, S140). Und spätestens seit dem Auftreten der Figur des Gott-Königs verschmelzen auch politische und religiös-ideologische Macht untrennbar. Die »Unveränderlichkeit des Staates und die Ewigkeit seines Priester-Königs« (GE1, S66) wurden durch die nun dogmatisierte Mythologie als gottgewollt verklärt.

Die Zikkurats, die gestuften Tempelbauten Mesopotamiens, sind für Öcalan geradezu archetypisch für die nun neu entstandene Zivilisation. »Drei miteinander verbundene Schlüsselfunktionen der Zikkurats sind für das Verständnis der sumerischen Gesellschaft entscheidend. Die erste Funktion konkretisiert sich in den Menschen, die den Boden bearbeiteten, welcher Eigentum der Zikkurats war. Sie bewohnten das unterste Geschoss des Tempels zusammen mit den Werkzeugmachern. Die zweite Funktion war die Verwaltungsfunktion der Priester, die das zweite Stockwerk bewohnten. Die Priester mussten Berechnungen für die wachsende Produktion anstellen und für die Legitimität der kollektiven Arbeit sorgen, also die Arbeitenden überzeugen. Sie besetzten also Leitungsfunktionen im weltlichen wie im geistlichen Bereich. Die dritte Funktion erfüllten die göttlichen Wesen, die im dritten Stock zuhause waren, einer Art Ur-Pantheon.« (ZuW, 139) In der Zikkurat sind Tempel (religiös-ideologische Produktion von Legitimität), Kommando über Stadt und Produktion (Verwaltung, politisch-ökonomische Herrschaft) und Wohnviertel der Werktätigen auf hierarchische Weise dargestellt.

Die Gegenüberstellung von ursprünglicher Kommunalgesellschaft auf der einen Seite und staatlich-patriarchaler Klassenzivilisation auf der anderen arbeitet Öcalan nicht allein aus Interesse an der Frühgeschichte der Menschheit heraus. Die zwei Stränge werden ihm zum Ordnungsprinzip der weiteren historischen Entwicklung. Hier findet die Aufspaltung des menschheitsgeschichtlichen Stroms in zwei, einander entgegengesetzte Ströme statt.

Die mit Sumer beginnende Linie wird sich in den verschiedenen Herrschaftssystemen über die Sklavenhalter- und Feudalsysteme bis in den heutigen finanzgetriebenen Kapitalismus hinein fortsetzen. Sie ist die – sich in ihrer Form transformierende – Gesamtheit aus Staatlichkeit, Urbanität, Klassen, »domestizierter Frau« und »hierarchischem Patriarchat« – samt Krieg, Gewalt und Genozid. Im Zentrum dieses Zivilisationsstrangs steht stets das »Monopol«, das sich die Werte der Gesellschaft aneignet.

Von Sumer bis heute existiert für Öcalan eine fortlaufende Formation der Monopolherrschaft: »In der Monopolgruppe stellen ›Priester + starker Mann + Scheich‹ ein hierarchisches Anfangstrio dar. Sie profitieren vom Monopol gemäß ihrer jeweiligen Stärke. Dieses Dreier-Monopol spaltete sich im Laufe der Geschichte in mannigfaltige Institutionen. Jede dieser Institutionen wiederum erlebte weitere Aufspaltungen, überlebte aber, ihren Einfluss in einer Kettenreaktion stetig vergrößernd, bis heute.« (SdF, S84) Öcalan verfolgt den Strom der Staats-Klassen-Zivilisation durch die historischen Zeiten: Von Sumer in die römische und attische Antike, ins von christlicher und islamischer Hegemonie geprägte Mittelalter über die Herausbildung des Kapitalismus mit seinen unterschiedlichen Zentren bis in die finanzkapitalistische Gegenwart unter US-Hegemonie. Der sich durchhaltende Wesenskern ist die Akkumulation, die Anhäufung von Werten – im umfassenden Sinn. Und: Es geht immer um Kapital und Macht. »Die Zivilisationsgeschichte (...) ist die Geschichte der kumulativen Akkumulation von Kapital und Macht«, fasst Öcalan seine These zusammen (SdF, S194). Vom Beginn der Geschichte, als sie Mauern aus Schädeln bauten, bis zu den Verteilungskriegen des 20. Jahrhunderts errichten die Monopole eine nicht allein durch den stillen Zwang der Verhältnisse, sondern eine brutal gewalttätige Herrschaft über die Gesellschaft.

Die »Gesellschaft an sich«

Aber auch die kommunale Gesellschaft existiert nach ihrer Niederlage weiter – bis heute. Sie ist das Unbefriedigte und Aufbegehrende der Unterdrückten gegen die Klassenzivilisation. Die Gesamtheit dieser widerständigen Tradition menschlicher Geschichte nennt

Öcalan »demokratische Zivilisation«: »Die demokratische Zivilisation bildet eine von der staatlichen Zivilisation getrennte Kategorie. Dieser Begriff soll sowohl die vorstaatlichen und vorzivilisatorischen gesellschaftlichen Formen als auch ihre späteren Strukturen, die außerhalb des Staates geblieben sind, umfassen.« (DKZ, S356) Die demokratische Zivilisation tritt in vielfältigsten Formen auf – als nomadischer Stamm, als verfolgte Hexen, als klassenkämpferisches Proletariat, Ökologie- oder antikoloniale Bewegung oder indigene Selbstverwaltung.

Die »natürliche Gesellschaft« existiert von Anbeginn der menschlichen Entwicklung bis zur Herausbildung von »zivilisierten« staatlichen Systemen mehr als 2 Millionen Jahre. Öcalan argumentiert nun, dass eine so lange vorherrschende Art des Zusammenlebens sich tief in das Gedächtnis der Menschheit einschreiben musste – ob bewusst oder nicht. »Es wäre nun widersinnig zu glauben«, mahnt Öcalan, »dass die gesellschaftliche Entwicklung von Jahrmillionen sich in Luft aufgelöst hätte.« (JSMG, S11)

»Freiheit« und »Gleichheit« als die beiden für jeden Widerstand gegen die staatliche Zivilisation fundamentalen Kategorien hatten ihren Ursprung noch bevor sie bewusst formuliert wurden in der Lebensweise der ursprünglichen Klangesellschaft. Sie leben »insgeheim im gesellschaftlichen Gedächtnis« weiter: »Sobald eine Gesellschaft sich hin zu zu Hierarchien und staatlichen Institutionen entwickelt, wird im Namen der Freiheit und Gleichheit konsequent versucht, diese Institutionen zu bekämpfen. Im Grunde kämpft hier die Klangesellschaft selbst.« (JMSG, S12)

Öcalan geht so weit, zu sagen, dass man diese Lebensweise als »Gesellschaft an sich«[8] verstehen könne, also Gesellschaftlichkeit überhaupt als Form menschlichen Zusammenlebens. Diese wirkt gleichsam als DNA der Gesellschaften fort, wenn sie sich auch andauernden Angriffen von Staat, Machtmonopolen und Patriarchat ausgesetzt sieht. Die Gesellschaft leistet Widerstand und reichert sich in ihrer Geschichte selbst mit dem Erfahrungsschatz dieser Wi-

8 Wenn Öcalan im strengen Sinn von »Gesellschaft« spricht, meint er immer den Gegenpol zur Klassen-Staat-Zivilisation. Aber er verwendet den Begriff auch häufig alltagssprachlich und spricht dann etwa von »kapitalistischer Gesellschaft« oder »feudaler Gesellschaft« usw.

derstände an. Auch während der Jahrtausende der Zentralzivilisation existiert die Gesellschaftlichkeit als »moralisch-politische Gesellschaft« weiter. Das revolutionäre Projekt besteht, wie wir sehen werden, also nicht darin, eine neue Gesellschaft auf dem Reißbrett zu entwerfen, sondern die bedrängte und geschundene »moralisch-politische Gesellschaft« freizulegen und sie dem, was sie an sich schon ist, gemäß zu entwickeln.

All das bedeutet selbstredend nicht, dass das Ziel dieser Kämpfe eine Rückkehr zur primitiven Klangesellschaft ist, noch dass eine solche realisierbar oder anstrebenswert wäre. Aber das Leitmotiv eines Lebens ohne Staat, Patriarchat, Naturzerstörung, Ausbeutung und Unterdrückung hält sich in der Menschheitsgeschichte als sich immer neu erfindende konkrete Utopie. Öcalan behauptet: »Vieles von dem, was damals Gültigkeit hatte, erscheint uns übrigens auch heute wieder erstrebenswert: So sehnt sich der moderne Mensch nach einem freien, natürlichen Leben im Einklang mit der Natur, verlangt nach Möglichkeiten geistiger Entfaltung, frei von Herrschaft und geschützt vor den Übergriffen Angst einflößender, mitunter ›göttlicher‹ Mächte.« (GE1, S57)

Kämpfe im Chaos – gegen den Determinismus

An der Beschreibung der frühgeschichtlichen Niederlage der Kommunalgesellschaft gegen die staatliche Zivilisation lässt sich ein sich durchhaltender Zug der Geschichtsdeutung Öcalans illustrieren. In bewusster Abhebung von der marxistischen Tradition versucht er, diesen Übergang nicht als teleologisch notwendigen, geschichtlich unvermeidlichen darzustellen. Es gebe »kein Naturgesetz, nach dem sich aus der natürlichen Gesellschaft heraus zwangsläufig die hierarchische und etatistische Gesellschaft bilden musste.« Man könne von einer »Tendenz« sprechen, aber »es wäre völlig falsch anzunehmen, dass diese Tendenz zwangsläufig und kontinuierlich bestand.« (JSMG, S20)

Öcalan knüpft mit seiner Beschreibung einer allen Klassengesellschaften vorangehenden sozialen Ordnung an die anarchistische wie auch die klassische sozialistische Tradition an. Der Anarchokommunist Peter Kropotkin schreibt in *Der Staat und seine historische*

Rolle: »Der Mensch hat die Gesellschaft nicht geschaffen; die Gesellschaft ist älter als der Mensch (...) Zehntausende Jahre lebte der Mensch im Zeitalter der Horde oder des Clans, und in diesem ersten Zeitalter (...) entwickelte der Mensch bereits eine ganze Reihe von Einrichtungen, Gebräuchen und Sitten, die bei weitem älter sind als die Einrichtung der Vaterfamilie.« Und weiter: »Die ganze Horde jagte und pflückte gemeinsam ... Eine Anhäufung von Privateigentum war unmöglich.« (Kropotkin 1896 (2007), S17f).

Auch Karl Marx und Friedrich Engels waren im Verlauf ihrer Studien zu der Auffassung gelangt, dass ein solches Stadium der Menschheitsgeschichte existiert haben muss. Friedrich Engels spricht in seiner Schrift *Der Ursprung der Familie, des Privateigentums und des Staats* von einer »ursprünglichen kommunistischen Gesamthaushaltung« und einer vorpatriarchalen Familienordnung in den Entwicklungsstufen der »Wildheit« und der »Barbarei« vor Entstehen der staatlichen »Zivilisation«, die Klassentrennung entwickelt (MEW 21, S45). Und hiervon ausgehend, nahm auch die Forschung in der Sowjetunion sowohl das Gemeineigentum wie die Rolle der Frau in der Auseinandersetzung mit diesem »primitiven« Urkommunismus in den Blick.

So schreibt etwa die Sowjetdiplomatin Alexandra Kollontai 1921 in ihren Vorlesungen zur *Situation der Frau in der gesellschaftlichen Entwicklung*: »Die Frau kannte unter dem Urkommunismus weder Sklaverei, noch soziale Abhängigkeit oder Unterdrückung. Und die Menschheit jener Periode wusste nichts von Klassen, Ausbeutung der Arbeit oder Privateigentum. So lebte die Menschheit Tausende, ja, womöglich Hunderttausende von Jahren.« (Kollontai 1977 (1921))

Ähnelt sich die Beschreibung der Urgesellschaft bei Öcalan und im Marxismus tatsächlich in vielen Punkten stark, gibt es in der Bewertung dieser frühesten Klangesellschaften Unterschiede zwischen der marxistischen Tradition und den Thesen Öcalans, die über empirische Differenzen ob des jeweiligen Forschungsstandes hinausgehen. Für die Marxist*innen war der primitive Urkommunismus ein mit Beginn der Klassengesellschaft überwundenes primitives Stadium, das keine besondere Bedeutung für die Kämpfe um Sozialismus und Kommunismus heute hat. Öcalan dagegen meint, es sei geradezu das – wie auch immer veränderte – Fortdauern der »natürlichen Gesellschaft« in der Menschheitsgeschichte, das zur Grundlage auch viel späterer Kämpfe gegen Ausbeutung und Unterdrückung werde.

Maßgeblich ist auch eine weitere Differenz: Öcalan ist der Auffassung, dass sich Geschichte auch ohne das Entstehen der Klassen-Staat-Zivilisation entwickeln hätte können: »Staat und Zivilisation dagegen kamen erst viel später und sind künstlich. Sie sind eine Art unnützer, glitzernder, der Gesellschaft aufgeladener Ballast. Die Gesellschaft hätte sich auch ohne sie weiterentwickelt.« (DKZ, S358) Öcalan sieht ein positivistisches Erbe im Marxismus-Leninismus fortwirken, das in ein deterministisches Fortschrittsdenken mündet. Die in zahllosen Lehrbüchern zum historischen und dialektischen Materialismus ausgebreitete Geschichtsphilosophie sieht grob so aus: Geschichte entwickelt sich zwangsläufig von primitiven urkommunistischen Gesellschaften über Sklavenhalter- und Feudalsysteme bis zum Kapitalismus, der dann notwendigerweise vom Sozialismus und später Kommunismus abgelöst wird. Die früheren Formationen sind den späteren unterlegen, ihre Abfolge ist die teleologische Entwicklung von niedrigeren zu entwickelteren Gesellschaftsformen.

So weit geht Öcalan bis zu einem gewissen Grad mit – obwohl er die Abfolge anders beschreibt und begrifflich ausdifferenziert. Die Differenz dreht sich darum, ob Klassengesellschaften schlechthin notwendig sind, um die menschliche Gesellschaft zu entwickeln. Für den Lehrbuch-Marxismus ist die oben skizzierte Abfolge so notwendig wie unabhängig vom Wollen der gesellschaftlichen Subjekte. Allenfalls kann noch der Komplettzusammenbruch eintreten, aber ansonsten ist der Fahrplan durch die Entwicklung der Widersprüche von Produktivkraft und Produktionsverhältnissen bestimmt. Die Revolutionen kommen dabei natürlich nicht von alleine und ohne den Klassenkampf, aber auch der »subjektive Faktor« ist ein fast mathematisch vorhersehbares Produkt objektiver Entwicklungen. Eine solche Auffassung sieht Öcalan als »ökonomischen Reduktionismus« (DKZ, S42).

Die These vom »zwangsläufigen Fortschreiten der Klassengesellschaft«, die Öcalan dem Marxismus zuschreibt, sei aber nicht nur einer der »größten Irrtümer« dieser Tradition gewesen, sondern bedeute »den Sozialismus von vornherein zugunsten einer Klassenherrschaft aufzugeben« (JSMG, S20). Die Frage, die hier aufgeworfen wird, blieb bis Mitten in die schon gefestigten sozialistischen Gesellschaften des 20. Jahrhunderts bestehen – wann immer sie versuchten, zur Produktivitätssteigerung Marktmechanismen und Klassenverhältnisse zuzulassen, etwa in der Neuen Ökonomischen Politik Lenins oder Ulbrichts Neuem Ökonomischen System: Warum traut man diese Art von Fortschritt nur den Klassengesellschaften zu? Und was bedeutet das, sozialistischer Gesellschaftlichkeit diese eigene Entwicklungsdynamik abzusprechen?

Öcalan wendet gegen die deterministische Auslegung der Formationsabfolge ein, dass sich in den entscheidenden Perioden der Geschichte eine Situation von produktivem Chaos – er spricht von einem »Chaosintervall« als »schöpferischem Moment« (ZuW, S126) – ergibt, in dem sich jene Kräfte durchsetzen, die am besten organisiert sind.

Und er bestreitet, dass die in der Abfolge Urkommunismus-Sklaverei-Feudalgesellschaft-Kapitalismus beschriebene Ablösung einer Formation durch die nächste einfach als Fortschritt beschrieben werden kann. Vielmehr sei sie Verfall, Verlust, Zerstörung und immer tiefer in die Gesellschaft eindringende Durchsetzung von Herrschaft und Unterdrückung. Auch die unbestreitbaren technologischen und kulturellen Fortschritte, die während des Durchgangs durch die Klassengesellschaften auftreten, seien gerade nicht Verdienst der Zentralzivilisation, sondern der Gesellschaften, die sich allerdings dann die Monopole aneignen. Der Grund dafür, dass sich Klassengesellschaften herausgebildet haben, war, so Öcalan, »nicht Zwangsläufigkeit, sondern Zwang«. Staatenbildung und Klassen seien durch »massiven Einsatz von Gewalt und Betrug« durchgesetzt worden. Und ebenso sei dagegen unermüdlich Widerstand geleistet worden. (JSMG, S20)

Öcalans Kritik am Marxismus betont deterministische Interpretationen, die in Lehrbüchern und der Vermittlung des Marxismus-Leninismus vorherrschend waren. Zugleich finden sich gerade bei Marx, Engels und auch Lenin selbst zahlreiche Überlegungen zu einer nicht-teleologischen, nicht-deterministischen Perspektive auf den historischen Materialismus. Besonders eindrucksvoll, wenn man sie mit Öcalans Geschichtssicht vergleicht, sind Bemerkungen von Karl Marx in Entwürfen zu einem Antwortschreiben auf Fragen der russischen Sozialrevolutionärin Wera Sassulitsch (vgl. MEW 19, S384ff). Sie fragte Marx, ob sein »Kapital« so zu lesen sei, dass auch in Russland die ursprüngliche Dorfgemeinde (Mir), die noch vorkapitalistisch-kollektive Züge trägt, notwendig durch den Kapitalismus zu zerstören sei, bevor es zum Sozialismus kommen könne. Oder ob es die Möglichkeit einer direkten Entwicklung des Sozialismus aus diesen dörflichen Gemeinschaften gebe, ohne kapitalistisches Zwischenstadium.

Marx beschränkt in seinem Antwortschreiben die »historische Unvermeidlichkeit« des Prozesses der ursprünglichen Akkumulation zunächst auf eine konkrete Situation, die Länder Westeuropas. Mehr noch: Er erwägt, dass in Russland »die noch in nationalem Maßstab vorhandene Dorfgemeinde sich nach und nach von ihren primitiven Wesenszügen befreien und sich unmittelbar als Element der kollektiven Produktion in nationalem Maßstab entwickeln kann«. Marx charakterisiert die »Ackerbaugemeinde« als gleichsam fortbestehenden »jüngsten Typus der archaischen Gesellschaftsform« und fragt, ob sie »unter allen Umständen« zerschlagen werden muss? Die Antwort: »Keineswegs. Ihre Grundform läßt diese Alternative zu: entweder wird das in ihr enthaltene Element des Privateigentums über das kollektive Element, oder dieses über jenes siegen.«

Marx beschreibt die Angriffe, denen die Dorfgemeinde von jenen ausgesetzt ist, die sie zugunsten der Proletarisierung ihrer Mitglieder zerschlagen will. Und er stellt fest: die Dorfgemeinde befindet sich in einer historischen Situation, in der nicht ausgemacht ist, wie sie sich entwickeln wird, sondern in welcher der Kampf entscheidet, ob sich die »mächtige Verschwörergruppe«, die auf der Lauer liegt, um ihr den Todesstoß zu versetzen«, obsiegt oder die Dorfgemeinde in etwas Neues transformiert wird. »Hier handelt es sich nicht mehr um ein Problem, das es zu lösen gilt, hier handelt es sich einfach um einen Feind, der geschlagen werden muß. Um die russische Gemeinde zu retten, ist eine russische Revolution nötig.«

Die Sassulitsch-Briefentwürfe von Marx enthalten zudem Analysen zu »archaischen« Gemeinschaften, die denen Öcalans in vielem ähneln – obwohl zu bezweifeln ist, dass letzterer die wenig prominenten Briefe kennt. So spricht Marx etwa davon, dass sich der Kapitalismus in einer Krise befinde, »die erst mit seiner Abschaffung, mit der Rückkehr der modernen Gesellschaften zum ›archaischen‹ Typus des Gemeineigentums enden wird« – unschwer hört man Öcalans Aufforderung der »Rückkehr« zur ursprünglichen Kommunalgesellschaft auf höherem Niveau hier heraus.

Öcalan und die Welt-System-Theorie

Am Ende dieses Kapitels macht es durchaus Sinn, Öcalan zu derjenigen Denktradition in Bezug zu setzen, die die Systematik seiner Zivilisationskritik maßgeblich beeinflusst hat. Im Kern knüpft er – allerdings sehr eigenständig – an die Anfang der 1970er-Jahre entwickelte Welt-System-Theorie an. Die war ihrerseits Resultat von Debatten innerhalb wie außerhalb des Marxismus und suchte den Rahmen zur Untersuchung von Gesellschaftsformationen neu zu bestimmen. Diskussionen unter marxistischen Gelehrten über den Übergang vom Feudalismus zum Kapitalismus flossen genauso ein wie die Theorie des »ungleichen Tauschs« zwischen Zentrum und Peripherie und die umfassende, Disziplingrenzen hinter sich lassende Historiografie der französischen Annales-Schule, insbesondere die Arbeiten Fernand Braudels[9].

Welche Prinzipien teilt Öcalan nun mit dieser Schule? Für die Welt-System-Theorie ist nicht der Nationalstaat die bestimmende Analyseeinheit, sondern wie der Name bereits sagt, das »Welt-System«. Dieses benennt nicht in erster Linie Systeme, die wortwörtlich die ganze Welt umfassen, sondern forscht »über Systeme, Ökonomien, Imperien, die eine Welt sind (aber möglicherweise und tatsächlich meistens nicht den gesamten Globus umfassen)« (Wallerstein 2018, S22). Wesentlich für ein Welt-System ist die Akkumulation und die mit ihr zusammenhängende Arbeitstei-

9 Einen so präzisen wie kurzen Überblick über die Entstehung der Welt-System-Theorie und die in sie eingehenden intellektuellen Einflüsse gibt das 1. Kapitel von Wallerstein 2018

lung, die das Verhältnis von Zentren und Peripherien begründet. Ein Welt-System kann dabei verschiedene politische Entitäten und Kulturen umfassen,

Wie Öcalan lehnten die Welt-System-Theoretiker*innen lineares Fortschrittsdenken genauso ab wie die Ausformulierung eines für alle Zeiten gültigen Sets von unveränderlichen Gesetzmäßigkeiten des gesellschaftlichen Lebens. Man präferierte das von Braudel entwickelte Konzept der »strukturellen Zeit«, der »longue duree«, die lange andauernde, aber nicht ewige Prozesse und ihre Verfasstheit beschreibt. Und: Sie hielten die in der akademischen Arbeitsteilung begründete Aufsplitterung in voneinander abgegrenzte Disziplinen für wenig fruchtbar. Wallerstein formuliert so: »Die resultierende Welt-System-Analyse war nicht multidisziplinär, da die Wissenschaftler die intellektuelle Legitimität dieser Disziplinen nicht anerkannten. Sie war unidisziplinär.« (Wallerstein 2018, S25)

Natürlich sind die Vertreter*innen der Welt-System-Theorie kein homogener Block und sagen nicht alle dasselbe. Und eine für Öcalan ganz zentrale Debatte ist jene, wie eigentlich der Analyserahmen des Welt-Systems zeitlich zu bestimmen ist. Kurz gesagt: Muss man irgendwo im 15. oder 16. Jahrhundert anfangen, um das kapitalistische Welt-System zu fassen zu kriegen? Oder braucht es einen weiter zurückgehenden Blick? Dieser zwischen einigen der bekanntesten Theoretikern der Schule geführte Streit ist in einem Sammelband von Andre Gunder Frank und Barry K. Gills dokumentiert, den Öcalan sehr schätzt und der den Titel trägt: »Das Welt-System: Fünfhundert Jahre oder Fünftausend?« (Frank/Gills 1993) Öcalan schreibt einmal, dass er die Arbeiten von Andre Gunder Frank »schon bald als die anspruchsvollste Verteidigung meiner Ansichten« erkannte. (SdF, S31)

Der Hauptpunkt dürfte dabei folgende Gemeinsamkeit sein: »Unsere These ist, dass das gegenwärtige Welt-System eine Geschichte von mindestens 5.000 Jahren hat«, schreiben Frank und Gills. Der Aufstieg Europas zur Dominanz sei innerhalb dieser Geschichte ein »erst kürzlich erfolgtes – und möglicherweise vorübergehendes – Ereignis«. Anders als Wallerstein bemühen sich Frank und Gills zu zeigen, dass Kapitalakkumulation keine differentia specifica des »modernen« Welt-Systems darstellt, sondern auch zuvor stattgefunden habe (Frank/Gills 1993, S3f). Man wolle die »Arbeitsdefinition von Kapital« im Vergleich zum Marxismus ausweiten auf »eine breitere Palette von Ausprägungen des Surplus-Transfers, sowohl private wie auch staatliche«. (ebd., S7)

Öcalan knüpft klar hier an. Seit Sumer (basierend auf Urbanität und der Unterordnung der Dörfer, Klassen, Staatlichkeit, Patriarchat, Hierarchien und Herrschaft) existiert ein und dasselbe Zivilisationsmodell bis in die Gegenwart fort. Der Zweck dieses Modells ist die Akkumulation von Macht und Kapital durch sich jeweils historisch neu gestaltende Monopole. Die Beschreibung dieser Entwicklung erfordert, auch wenn Öcalan sie nicht deutlich voneinander abhebt, genauso wie in der Annales-Schule und in der Welt-System-Theorie unterschiedliche Zeitlichkeiten. Es kann Gesetzmäßigkeiten einer Phase geben – etwa des Finanzkapitalismus –, die nicht für die gesamte Klassen-Zivilisation gelten. Und es kann Gesetzmäßigkeiten »langer Dauer« geben, die seit ihrem Beginn unverändert wirken. Und es gibt natürlich die kurzfristigen ereignisgeschichtlichen Veränderungen.

Die Zentralzivilisation erscheint – um die in der Debatte gebräuchliche Flussmetapher zu gebrauchen – als ein einziger geschichtlicher Strom, der von Sumer über Rom und Athen, Mekka und Medina bis Amsterdam, London und New York fließt. Auf seinem Weg schluckt er bis dahin unabhängige Wasserläufe und verändert sich dadurch, dass er sie absorbiert – etwa wenn das Christentum oder der Islam als zunächst widerständig-demokratische Bewegungen zu neuen Paradigmen der Herrschaftszivilisation werden. Der Strom wird reißender und reißender. Und wenn er in der einen Weltgegend versiegt, drückt er die Landmassen zu einer anderen auf und verändert sein Flussbett.

Allerdings ist damit Öcalans Ansatz noch nicht ausreichend beschrieben. Der umfassendste Analyse-Rahmen ist für ihn nämlich nicht diese Zentralzivilisation – auch wenn er ihr sehr viel Raum schenkt. Sondern umgekehrt ist der Standpunkt von dem aus und auf den hin die Analyse geleistet werden soll, der der Demokratischen Zivilisation. Diese ist ja nichts anderes als das Fortbestehen der Gesellschaftlichkeit selbst, wie sie ursprünglich in der kommunal-matrialen Gesellschaft existierte. Man könnte sagen, die Gesetzmäßigkeiten mir der längsten Dauer finden sich hier, denn hier geht es um die – aus Sicht Öcalans – natürliche Existenzweise des Gattungswesens Mensch. Der große menschheitsgeschichtliche Strom entspringt in den abertausenden Jahren der frühgeschichtlichen Stammesgesellschaften, lebt aber auch nach dem Aufkommen der staatlichen Klassen-Zivilisation als »moralisch-politische Gesellschaft« in den Widerstandshandlungen gegen die Monopole oder fernab von ihrem Zugriff weiter. »Die sozialwissenschaftliche Schule, die die Existenzweise und Entwicklung der gesellschaftlichen Natur auf der Basis der moralischen und politischen Gesellschaft untersucht, lässt sich als das System der demokratischen Zivilisation bezeichnen«, schreibt Öcalan über seinen Ansatz (SdF, S189).

Im Bild der Metapher: Der Hauptstrom der Geschichte spaltet sich am Ende des Neolithikums mit dem Entstehen der von Monopolherrschaft bestimmten Zivilisation in zwei auf. Der Strom letzterer versucht dem Hauptstrom so viel an Wasser abzugraben, wie möglich, indem er sich ihre Werte aneignet und sie akkumuliert, Herrschaft ausbaut und Unterdrückung intensiviert. Aber so viele Kanäle er auch baut, um aus der moralisch-politischen Gesellschaft abzuschöpfen, er kann sie nicht vernichten. Denn nur in ihr gibt es frisches Wasser, also Kreativität und Produktion von Werten: »Konkreter ausgedrückt, die Zivilisation mit Monopolen kann ohne die Zivilisation ohne Monopole nicht weiterexistieren. Das Umgekehrte ist allerdings nicht der Fall. Das heißt, die demokratische Zivilisation als der systematische geschichtliche Fluss der moralischen und politischen Gesellschaft kann ihre Existenz ohne offizielle Zivilisation ungehinderter und ungestörter fortsetzen.« (SdF, S198)

Öcalan bezeichnet dabei sowohl die realen geschichtlichen Bewegungen von unten als »Demokratische Zivilisation« wie auch das soziologische System ihrer Analyse. Was er also vollzieht, ist die Aufhebung der Subjekt-Objekt-Trennung in der wissenschaftlichen Auseinandersetzung zugunsten einer klaren Parteilichkeit für den demokratischen Zivilisationsstrang. Die Analyse ist nicht Tätigkeit eines außenstehenden Gelehrten, der sich einen Gegenstand aneignet. Sie ist denkende Selbstvergegenwärtigung der demokratischen Zivilisation, die sich ein Bewusstsein ihrer Existenz zurückerobern will.

Kapitel 3
Die Zentralzivilisation: Klassen, Patriarchat, Staat

Mit der Analyse der Kommunalgesellschaft und ihrer ersten Niederlage gegen die etatistische Zivilisation ist die Basis für Öcalans Geschichtsphilosophie gelegt. Er verfolgt das Ringen der beiden einander entgegengesetzten Stränge menschlicher Entwicklung nun durch die historischen Perioden. Und er versucht so, allgemeine Züge zentraler Kategorien herauszuarbeiten: Staat, Patriarchat, Nation, Macht, Monopol, Kapitalismus, Eigentum, Klasse.

In diesen Überlegungen fußen teilweise bedeutende Änderungen in der Praxis jener Bewegung, die Abdullah Öcalan als ihren zentralen Vordenker sieht. Am deutlichsten ist das vielleicht bei Öcalans Kritik des Staates und seiner Neubewertung des Patriarchats zu sehen. Erstere führte zu einer Abkehr der Arbeiterpartei Kurdistans von ihrem Ziel, einen sozialistischen kurdischen Nationalstaat zu erkämpfen. Letztere hatte maßgeblichen Einfluss auf die Einrichtung eigenständiger Fraueneinheiten in der Guerilla sowie autonomer Frauenorganisationen in allen zivilen Institutionen der kurdischen Freiheitsbewegung.

In der Auseinandersetzung mit den tragenden Kategorien der etatistischen Zivilisation werden zudem schon einige Züge jenes politischen Konzepts deutlich werden, das er zur Überwindung von Staat, Klassen und Patriarchat vorschlägt.

Bevor wir auf die einzelnen Kategorien achten, kann man sich die Grundidee in Erinnerung rufen: Der zeitliche Bezugsrahmen für die Zentralzivilisation ist die gesamte Entwicklung seit dem Aufkommen der ersten Staaten in Mesopotamien. Dementsprechend finden sich hier Gesetzmäßigkeiten von sehr »langer Dauer« genauso wie spezifische Gesetzmäßigkeiten bestimmter Phasen – also etwa des Kapitalismus, der antiken Sklavenhalterstaaten usw.

Die hier getrennt dargestellten Kategorien sind in der Wirklichkeit in Wechselwirkung miteinander. Staat und Patriarchat lassen sich für Öcalan genauso wenig ohne einander begreifen wie etwa Kapitalismus und Macht.

Eine der weithin bekannten Neuerungen im ideologischen Fundament der kurdischen Freiheitsbewegung betrifft die Abkehr vom Ziel eines kurdischen Staates. War das 1979 veröffentlichte Parteiprogramm der PKK noch klassisch auf eine national-demokratische Revolution mit eigenem Staat und dann anzugehendem Übergang zum Sozialismus angelegt, zeichnete sich bereits in den 1990er-Jahren eine Intensivierung der kritischen Reflexion des da schon besiegten sowjetischen Sozialismus ab.

Spätestens mit den Schriften, die Öcalan nach seiner Verschleppung 1999 zu schreiben begann, wurde offenkundig, dass sich seine Position zum Staat – und in der Folge die der gesamten Bewegung, die seine Schriften als neue programmatische Grundlage annahm – geändert hatte[10]. Das Ergebnis wird sein: Sozialismus und Demokratie sind nicht durch den Staat zu verwirklichen. Sie sind geradezu das Gegenteil von Staatlichkeit, wendet Öcalan ein: »Der Staat steht zum Sozialismus mindestens so sehr im Gegensatz wie zur Demokratie.« (DKZ, S231) Von einem »demokratischen Staat« könne man dementsprechend höchstens da sprechen, wo der Staat in einer Krise und durch den Widerstand der Gegenkräfte gezwungen ist, Kompromisse mit der Demokratie einzugehen.

Öcalan gewinnt diese Thesen einerseits durch die Analyse von Staatlichkeit in der Menschheitsgeschichte. Zum anderen sind sie Resultat seiner Auseinandersetzung mit dem Scheitern des Staatssozialismus: »Wir verstehen heute besser, warum der Sowjetsozialismus nach siebzig Jahren in einen brutalen Kapitalismus zurückgefallen ist: Er hat keine demokratische Bildung durchlaufen«, konstatiert er. Die politische Rückständigkeit der Zarenzeit sei durch den Sozialismus nur überdeckt worden. (JSMG, S 443)

Dieselbe Kritik bezieht er aber auch auf seine eigene und die Geschichte der Arbeiterpartei Kurdistans. Die vorherrschende Mentalität der Staatlichkeit sei einer der Hauptgründe gewesen, warum sich in den 1990er-Jahren in der Partei autoritäre, ja despotische Züge entwickelt hätten, kritisiert er in *Jenseits von Staat, Macht und*

10 Zur Chronologie dieser Veränderung: https://komun-academy.com/2018/06/27/the-new-paradigm/

Gewalt: »Wenn wir uns Kurdistan entweder als separaten Staat oder auch als Teil eines gemeinsamen, föderativen Staats vorstellen, diese Staatswerdung als das eigentliche Ziel akzeptieren und alle Anstrengungen an diesem Ziel ausrichten, dann ist damit bereits vorherbestimmt, wie die Kader und die Organisation arbeiten.« Ergebnis sei Bürokratisierung zum einen und Entwicklung eines »brandgefährlichen Despotentums« einiger Kommandanten auf der anderen Seite. (JSMG, S445)

Was ist nun Staatlichkeit und warum ist sie so ungeeignet für einen demokratisch-sozialistischen Aufbruch? Fundamental für den Staat ist, dass er in seinen verschiedenen Formen Ausbeutung organisiert: »Die Anhänger des Sozialismus müssen sich genau darüber im Klaren sein, dass der Staat die grundlegende Institution der Beschlagnahme von Mehrprodukt und Mehrwert nicht nur der vierhundertjährigen Tradition des Kapitalismus, sondern der fünftausendjährigen Tradition der Zivilisation darstellt.« (ebd.)

Die »Beschlagnahme von Mehrprodukt und Mehrwert« ist zwar ein zentrales Merkmal von Staatlichkeit, aber sie reicht nicht aus. Öcalan versucht sich in *Die kapitalistische Zivilisation* an einer Zusammenfassung der Merkmale von Staatlichkeit, die alle für ihn wichtigen Aspekte zusammenfasst: »Der Staat, der der Gesellschaft Mehrprodukt und Mehrwert entwenden will, organisiert sich über der Gesellschaft mit Instrumenten von Ideologie bis Zwang als eine Institution des Überbaus und macht sich zum Monopol. Wenn wir den Staat im Lichte dieser engen Definition betrachten, sehen wir, dass staatliche Politik und das Handeln von Politiker*innen letztlich eine Regierungskunst ist, die die Erzielung von Mehrprodukt und Mehrwerten koordiniert. Eine ganz grobe Formulierung könnte lauten, dass der Staat die Summe aus Mehrwert, ideologischen Instrumenten, Zwangsapparaten und Regierungskunst darstellt.« (DKZ, S225)

Staatlichkeit ist Herrschaft einer Gruppe von Menschen, die sich durch einen Verwaltungsapparat, Repression, vor allem aber auch durch die Herstellung ideologischer Hegemonie durchsetzt. Ihr Zweck ist die Koordination der Aneignung von Mehrprodukt und Mehrwert, also Ausbeutung der Gesellschaft. Die Staatsmacht tritt in ihrer Geschichte seit ihrem Anfang in der sumerischen Zivilisation in unterschiedlichen Formen auf, die Öcalan nach verschiedenen Kriterien klassifiziert: Man kann sie einteilen nach der jeweiligen Gruppe, der der Mehrwert abgepresst wird (Sklavenhalter-, Feudal- und kapitalistischer Staat); nach der Art der regierenden Elite; nach Art der Bildung der Staatsführung; oder nach Art ihrer ideologischen Selbstdarstellung. (vollständige Klassifizierung siehe DKZ, S226ff)

Das in der obigen Definition beschriebene Wesen des Staates bleibt dasselbe – auch bürgerlich-«demokratische« Wahlen ändern daran nichts. Sie dienen vielmehr dazu, »dass die verschiedenen monopolistischen Cliquen innerhalb des Staates (wie die agrarmonopolistische, die handelsmonopolistische, die industrielle und die Finanzclique) einander gemäß ihrer jeweiligen Stärke ausstechen. Wer stärker ist, wird gewählt. Es geht jedoch nicht darum, dass Demokratie herrscht oder dass die Demokratie gewinnt« (DKZ, S229). Und auch die sogenannte »Rechtsstaatlichkeit« ist für Öcalan – obzwar ein Vorteil gegenüber der Staatlichkeit, in der sich etwa ein Sultan »jeden Tag neue Regeln ausdenkt« – nur eine Bemäntelung der grundlegenden Eigenschaften des Staates.

In *Soziologie der Freiheit* analysiert Öcalan den Nationalstaat als »am weitesten entwickelte Einheit aller Monopole« (SdF, S276) und zugleich selbst als das »am weitesten entwickelte, vollständigste Monopol« (ebd.). Man kann hier zwei Momente sehen, um die Funktion des Staates zu erklären. Wie auch Öcalan betont liegen die kapitalistischen Privatmonopole (man kann auch von Oligopolen sprechen) auch im Kampf miteinander. Der Staat stellt die »Einheit« des Ausgleichs zur Erhaltung der Monopolherrschaft insgesamt dar. Er ist aber zugleich auch selbst »Monopol« mit eigenen Interessen.

Besondere Aufmerksamkeit widmet Öcalan dem »Nationalstaat«[11], also jenem Staat, »der aus einer einzigen Nation besteht und in dem sich alle Mitglieder der Nation auf der Grundlage der Religion des Nationalismus integrieren« (DKZ, S227f). Im Natio-

11 Öcalan trennt begrifflich Nationalstaat und »Nationenstaat« – letzterer, eine der vorherrschenden Formen moderner kapitalistischer Staaten, besteht in einem »Kompromiss« zwischen Staat und Demokratie und lässt verschiedene nationale Zugehörigkeiten in einem staatlichen Rahmen bestehen.

nalstaat ist der Faschismus bereits angelegt – als »Regime der Konterrevolution oder ständigen Krise« (ebd.). Vor Augen hat Öcalan hier den türkischen Staat, dessen Devise seit der Staatsgründung war: Eine Fahne, eine Sprache, ein Staat. Es gibt nur ein Staatsvolk: Türken. Diejenigen Minderheiten, die nicht in dieses Konzept passen, sahen und sehen sich ständiger Aggression durch Assimilationsdruck, Diskriminierung und genozidalen Angriffen ausgesetzt.

Die Schaffung von »Nationen« führt Öcalan dabei zunächst auf die frühkapitalistische Entwicklung zurück: »Der Kapitalismus brauchte in seiner Entstehungsphase, dem Merkantilismus oder Handelskapitalismus einen nationalen Markt. So schuf er gemäß der bestehenden Sprachgrenzen zuerst die Nation und später den Nationalismus.« (JSMG, S240) Bei der Schaffung der Nation wird auf bereits vorhandene Identitäten von Volksstämmen zurückgegriffen, wobei der Nationalismus zuvor bestehende, etwa religiöse oder kulturelle Bindungen ablöst.

Der Nationalstaat wird im Verlauf seiner Entwicklung zur »Maximalform von Macht«: »Keiner der anderen Staatstypen verfügt über eine solche Macht.« (DemKonf, S10) Er stellt sich über die Gesellschaft, gleichsam als Statthalter Gottes auf Erden, angebetet von den Priestern des Nationalismus, und zerstört die Widerstandskraft der Gesellschaft. Er wird so die stärkste Stütze des Kapitalismus. Als solcher muss er auch die Diversität der in einem Staat existierenden Gemeinschaften zerschlagen und homogenisieren: »Er beutet nicht nur die Ideen und das Arbeitspotenzial der Gesellschaft aus und kolonisiert die Köpfe der Menschen im Namen des Kapitalismus. Er assimiliert auch jegliche geistigen und intellektuellen Vorstellungen und Kulturen, um seine eigene Existenz zu erhalten. Er zielt ab auf die Schaffung einer einzigen nationalen Kultur, einer einzigen nationalen Identität und einer einzigen einheitlichen Religionsgemeinschaft. Dadurch wird eine homogene Bürgerschaft erzwungen.« (DemKonf, S13)

Öcalan wendet sich dementsprechend scharf gegen jeden Nationalismus bei der Lösung politischer Konflikte – insbesondere im Nahen Osten. Allerdings entwirft er, wie wir später sehen werden, auch einen Begriff der »demokratischen Nation«, der Maxime entsprechend, »das Phänomen der Nation (...) einzubeziehen, wo immer dies zur Lösung von gesellschaftlichen Problemen beitragen kann.« (JSMG, S241)

Kapitalismus und Monopol

Nationalstaat und Kapitalismus sind eng miteinander verwoben. Was aber versteht Öcalan unter Kapitalismus? Hier stoßen wir zunächst auf aus marxistischer Perspektive eher ungewöhnliche Thesen. So schreibt Öcalan, dass Kapitalismus »keine Wirtschaftsform« ist (DKZ, S150). Er sei geradezu der »Todfeind der Wirtschaft« (DKZ, S156).

An dieser Stelle ist Öcalan nicht zu verstehen ohne einen Rekurs auf Fernand Braudel (1902 – 1985), dessen Wirtschaftsbegriff er übernimmt. Der französische Historiker hat in seiner monumentalen *Sozialgeschichte des 15 – 18. Jahrhunderts* jenes Schema begründet, das Öcalan seiner Kapitalismusanalyse zugrunde legt. Im ersten Band des dreibändigen Werkes erläutert Braudel, dass er in Auseinandersetzung mit der Entstehungszeit des Kapitalismus bemerkt habe, dass es nicht eine, sondern mehrere Ökonomien zu beschreiben gab: Die Ökonomie des Marktes – »worunter man die mit den ländlichen Tätigkeiten, mit Verkaufsbuden, Werkstätte, Läden, Börsen, Banken, Messen und natürlich dem Markthandel verknüpften Produktions- und Tauschmechanismen zu verstehen hat« (Braudel I, S16) – sei nur die mittlere Ebene in einem dreigliedrigen Schema. Unter ihr, gleichsam als »Infra-Ökonomie«, liege »das materielle Leben oder die materielle Kultur«, wie er den Bereich »mangels einer treffenderen Umschreibung« nennt. Diese »Grauzone« bestehe in »der inoffiziellen Seite der Wirtschaftstätigkeit«, dem Bereich der »Selbstversorgung« und dem »Austausch von Gütern und Dienstleistungen im engsten Radius«. (ebd.)

Über diesen beiden erhebe sich als dritte Sphäre die einiger weniger »privilegierter Gruppen«, der Kapitalismus im eigentlichen Sinn des Wortes. Es ist die Schattenwelt der Monopole, der mächtigen Handelsfamilien und großen Bankhäuser, die die Geschicke ganzer Länder und Kontinente beeinflussen.

Braudel argumentiert im Grunde, dass nicht erst in seiner Gegenwart ein monopolistischer Kapitalismus – wie ihn auf anderer

Grundlage Lenin und Hilferding beschrieben haben – entstanden sei, sondern dass der Kapitalismus immer schon so gewesen sei. »Heute, wie auch früher schon, existiert daneben eine Welt für sich, in der ein Ausnahmekapitalismus, m.E. der wahre Kapitalismus angesiedelt ist. Dieser Kapitalismus war von jeher multinational wie der der großen Ostindienkompanien und der einst de facto oder de jure bestehenden Handelsmonopole jeglicher Größenordnung, die im Prinzip ganz den heutigen Monopolen entsprechen.« (Braudel I, S17)

Öcalan folgt Fernand Braudel auch in seiner Bestimmung des Marktes. Im zweiten Band seiner dreibändigen *Sozialgeschichte des 15. bis 18. Jahrhunderts* spricht Braudel vom »unabweisbaren Gegensatz zwischen einer normalen, vielfach routinemäßig eingespielten Tauschwirtschaft (die das 18. Jahrhundert als *natürlich* bezeichnet hätte) und einer höheren, raffinierten (in der Sprache des 18. Jahrhunderts *künstlichen*) Wirtschaft« (Braudel II, S12). In dieser »höheren« Zone, der des Kapitalismus, herrschen »nur äußerst selten« die Regeln des »freien Wettbewerbs«, im Normalfall ist es die Zone von »Kalkül und Spekulation« (ebd.). Braudel trennt den einfachen Markt, auf dem Produkte zirkulieren, vom Kapitalismus im eigentlich Sinn, den er »als Akkumulation von Macht (die den Tausch mehr auf ein Kräfteverhältnis als auf wechselseitige Bedürfnisse gründet), als Sozialparasitismus« (ebd.) versteht.

Braudel hat bei seiner Unterscheidung die spätmittelalterlichen und frühneuzeitlichen Märkte vor Augen, bei denen entweder unter offenem Himmel oder in Markthallen Händler und Produzenten ihre Waren an einem zentralen Ort feilboten. Man kann vermuten, dass Öcalan bei der Lektüre von Braudels Beschreibung französischer Wochenmärkte durchaus auch an den *sûk* denkt, der bis heute im Zentrum des gesellschaftlichen Lebens vieler nahöstlicher Gemeinden steht. Auch Öcalan sieht den Markt als einen »Ort von Beziehungen, der den Kapitalismus genährt hat und über dem er errichtet wurde« (DKZ, S56). Der Austausch von Waren und damit das Aufkommen eines Tauschwerts trug »in sich die Befriedigung der Bedürfnisse aufgrund steigender Vielfältigkeit und gegenseitiger Abhängigkeit. Das Verhältnis von Kommodifizierung, Markt und Geld wurde zunächst nicht mit Profitabsicht entwickelt, sondern wegen dieser vielfältigen Bedürfnisse und Abhängigkeiten« (DKZ, S361).

Der Kapitalismus errichtet sein Regime vermittels des Marktes und über den Markt. Solange nicht der Kapitalismus »listenreich den Raub gesellschaftlicher Werte, besonders der materiellen Akkumulation, betreibt« (DKZ, S72), bleiben Markt und Geld – verstanden als »lediglich ein Instrument, das den Austausch erleichtert« (DKZ, S361) – für Öcalan »für die Gesellschaft verständlich, wertvoll und ethisch« (ebd.).

Öcalan greift diese Thesen Braudels auf. »Dass der Kapitalismus die Wirtschaft benutzt, beweist nicht, dass er selbst Wirtschaft ist. Wir können sagen, dass Fernand Braudel der erste Historiker oder Soziologe war, der diese Tatsache erkannte.« (DKZ, S150) Dieser habe klar und deutlich gezeigt, »dass der Kapitalismus marktfeindlich, ein ›GegenMarkt‹, eine Plünderung durch Monopole ist, die der Wirtschaft von außen aufgezwungen wird« (ebd.).

Die Passage zeigt, dass es zwei Sphären sind, über denen der Kapitalismus sich positioniert und die er ausnutzt: Die »materielle Welt oder materielle Zivilisation«; und zumindest Teile von dem, was bei Braudel »Ökonomie des Markts« heißt. Zu ersterem zählen alle Formen der Subsistenzökonomie, vor allem, wie Öcalan betont, Reproduktionstätigkeiten. Deshalb müsse man »die Frau, die ihr Kind neun Monate im Leib trägt, unter Schmerzen zur Welt bringt, ernährt, bis es in der Lage ist, auf eigenen Füßen zu stehen, und deren Handwerk die Ernährung des Haushalts ist, als fundamentale wirtschaftliche Kraft betrachten.« (DKZ, S154) Ebenfalls zum Bereich der »Wirtschaft« gehören die jeweiligen Werktätigen einer gesellschaftlichen Formation, die Künstler und Intellektuellen sowie Teile des Kleinbürgertums: »An zweiter Stelle« – nach den Frauen – »stehen zweifellos die Angehörigen der Kategorien Sklave, Leibeigener und Arbeiter. Sie wurden von den Mächten der Zivilisation zum Zwecke des von diesen zur höchsten Kunst erklärten Raubes von Mehrprodukt und Mehrwert ständig und mit gnadenlosen Methoden zum Arbeiten unter ihrer Kontrolle gezwungen. An dritter Stelle stehen die etwas freieren Handwerker, kleinen Händler, Ladenbesitzer und Bauern mit kleinem Landbesitz. Wenn wir dazu noch Künstler, Architekten, Ingenieure, Ärzte und diverse

Freiberufler gesellen, haben wir das Panorama mehr oder weniger vervollständigt.« (DKZ, S155)

Es sind die Tätigkeiten all dieser Gruppen, die Öcalan unter »Wirtschaft« zusammenfasst. Und die auf verschiedene Arten und Weisen durchgesetzte Monopolmacht zur Abschöpfung des dort produzierten Mehrwerts nennt er Kapitalismus. Insofern ist der Kapitalismus der »Todfeind der Wirtschaft« – er ist ein über sie verhängtes Regime.

Die kapitalistischen Eliten vereinen sowohl die monopolistische Kontrolle über die Wirtschaft, wie auch die Kontrolle über die politische Sphäre in sich – oder streben das zumindest an: »Wir sehen, dass die Elemente, die wir als Kapitalismus, Kapitalisten und kapitalistische Wirtschaft bezeichnen, die Wirtschaft indirekt kontrollieren, aber im Grunde an ihr nicht beteiligt sind.« Wenn wir den Begriff von »Wirtschaft« zugrundelegen, den Öcalan aus Braudel zieht, dann bedeutet das, dass die kapitalistischen Eliten und das System, das sie errichten, nicht Quelle der gesellschaftlichen Produktivität oder Kreativität sind, sondern ganz einfach, »diejenigen, die den Mehrwert einstreichen« (DKZ, S152) – und zwar, weil sie über verschiedene Formen von Macht und Kontrolle verfügen. »Sie interessieren sich für das Machtmonopol. Sie führen ihre wirtschaftlichen Monopole mit ihren Machtmonopolen zusammen.« (DKZ, S153)

Öcalan legt eine immense Gewichtung auf die Analyse der Durchsetzung dieser »Macht« – auf jene Mechanismen, die kapitalistische Kontrolle bis in die letzte lebendige Zelle des gesellschaftlichen Lebens durchsetzen soll. Die Verankerung der »positivistischen Wissenschaftlichkeit« als dem Paradigma von vernünftigem Denken schlechthin zählt hier genauso dazu wie die patriarchale Zurichtung von Körpern und Sexualität, die verschiedenen ideologischen Apparate und Institutionen (Schule, Universität, religiöse Einrichtungen), die politische Willensbildung im Spektakel der bürgerlichen Demokratie, die im Arbeitsleben vermittelten Werte und Prinzipien, das positive Recht und kulturelle wie künstlerische Praktiken im Dienst des Systems. Von den Grundschulen bis zu den Kasernen, von den Museen bis in die Gräber reicht die Palette der Institutionen, mit denen die Gesellschaft »belagert« wird. (vgl. DKZ, S147f)

Es ist unschwer zu sehen, dass diese Analyse sich in Öcalans Geschichtsdeutung, derzufolge seit Sumer Monopolherrschaft zur Akkumulation von Mehrwert die bestimmende Eigenschaft der Zivilisation ist, einfügt. Kapitalismus ist eine Phase der seit Beginn der Zivilisationsgeschichte bestehenden Abschöpfung von Werten durch Monopole.

Der Kapitalismus ist aber auch ein in sich äußerst dynamisches System, das selbst bestimmte Entwicklungsstadien durchmacht und sich beständig transformiert. In der Phase seiner Herausbildung vom 15. bis zum 18. Jahrhundert tritt er zunächst als »handelsmonopolistischer Kapitalismus« auf und formiert sich spätestens ab Ende des 18. Jahrhunderts auf der Grundlage der sich rasant entwickelnden Industrie. Sah schon die erste Phase die Durchsetzung der Kommandogewalt des Geldes über die Gesellschaft sowie die Ausplünderung von Kolonien, wird mit der zweiten sowohl die Unterordnung der Arbeiterklasse unter die Bourgeoisie komplettiert wie auch die globale Expansion mittels Imperialismus systematisiert. Die Bourgeoisie errichtete nun »in nie dagewesenen Dimensionen Machtstrukturen über Gesellschaft und Natur. Seither sind Gesellschaft und Natur in nie gesehenem Ausmaß Angriffen des Kapitals ausgesetzt« (DKZ, S314). Der Industrialismus gewährleiste den gesteigerten »Diebstahl am ganzen Volk und an der Natur eines Landes« (DKZ, S320).

Obwohl Öcalan von Anhängern wie Gegnern gelegentlich eine primitivistische, grundsätzlich gegen Industrie und moderne Technik gerichtete Auffassung unterstellt wird, sieht er das Problem nicht prinzipiell in fabrikbasierter Maschinenproduktion. Nicht die zu errichtende demokratische Gesellschaft ist »technikfeindlich«, sondern der Kapitalismus selbst: Das kapitalistische Profitgesetz allein verhindere, »dass Wissenschaft und Technik optimal zur Erfüllung der menschlichen Bedürfnisse eingesetzt werden« (DKZ, S160). Und auch industrielle Produktion könne den Bedürfnissen aller dienen – »wenn das Wohl von Gesellschaft und Umwelt zur Grundlage gemacht wird« (DKZ, S320). Dafür aber müssen sie der Unterordnung unter den Profit der monopolkapitalistischen Gruppen entzogen werden.

Solange das nicht der Fall ist, verkehrt der Kapitalismus die entstandenen Potentiale der Produktivkraft in Destruktivität, in eine nie dagewesene Zerstörung menschlichen Lebens und der Umwelt: »Die westliche Moderne entwickelte die blutigste Zivilisation, das blutigste Zeitalter der Geschichte, weil sie durch das Trio Industrialismus, National-Etatismus und Kapitalismus entstand. Die Moderne, die auf diesem ineinander verschränkten Trio beruht, gerät in die Lage, sowohl im Inneren (Faschismus), als auch zwischenstaatliche nationale, regionale Kriege und Weltkriege zu führen.« (DKZ, S324) Märkte und Kommodifizierung ergreifen immer größere Teile des gesellschaftlichen Lebens, die kapitalistischen Eliten errichten ihr Regime immer umfassender. Das Geld wird zum allmächtigen Kommandoinstrument. Die kapitalistischen Eliten werden zu »nackten Königen«, bar jeden Schleiers, die ihrem Gott, dem Geld, dienen.

Handelsmonopolistischer Kapitalismus und industriekapitalistische Phase des Kapitalismus entwickeln sich spätestens mit Beginn der Loslösung des Geldes von der Goldbindung Anfang der 1970er-Jahre zum Kapitalismus des »Finanzzeitalters«, wie Öcalan sagt. Dieses bezeichnet die immer totalere Herrschaft des Geldes über alle Bereiche der Gesellschaft. Auch Industrie und Handel werden der Dynamik der finanzkapitalistischen Institutionen untergeordnet. Die Herrschaft des Geldes setzt sich in einem eng vernetzten Geflecht von Institutionen durch: »IWF, Weltbank, Welthandelsorganisation, alle Zentralbanken der Welt, global operierende Banken, verschiedene Kreditpapiere, Märkte und Börsen, Aktien und Anleihen, Kreditkarten, Zinsen, Devisenkurse und so weiter und so fort« (DKZ, S337). Das Finanzzeitalter ist die Ära des staatlich organisierten Terrors und der permanenten Krise. Es ist zugleich die Phase des Niedergangs des Kapitalismus, in der die Befreiung von diesem »Raubmonopol« beinahe unausweichlich wird.

Patriarchat

Im Kapitel über die kommunal-matriale Gesellschaft haben wir bereits gesehen, wie bedeutend die Geschichte der Unterdrückung der Frau für Öcalans Analyse ist. Die Niederlage der kommunal-matrialen Gesellschaft Mesopotamiens ist zugleich eine Niederlage der Frau. Als die natürliche Gesellschaft ihr Ende findet, entwickelt sich bei den Sumerern »die Ungleichheit zwischen den Geschlechtern (...) im Gleichschritt mit der Ungleichheit der Klassen.« (GE1, S62)

Ob die Versklavung und Unterordnung der Frau dabei zeitlich vor die Klassenentwicklung fällt, oder ob sie sich im »Gleichschritt« vollziehen, variiert zwar in der Darstellung Öcalans. Der Sache nach hält er sie auf jeden Fall für das Erste. Denn: »Der Ursozialismus, der durch Gleichheit und Freiheit charakterisiert ist, war lebensfähig, weil die gesellschaftliche Moral der matrizentrischen Ordnung kein Eigentum, den Hauptfaktor der gesellschaftlichen Spaltung, zuließ.« (RdF, S13)

Der Prozess dieser Spaltung vollzieht sich noch innerhalb der kommunal-matrialen Gesellschaft, in der es bereits Arbeitsteilung gibt, aber noch keine Hierarchien. Die ersten Männertypen – der »weise Alte«, der Schamane, der »listige und starke Mann« – beginnen innerhalb der Kommunalgesellschaft einen Pol zu bilden. Als sich durch die Produktivkraftentwicklung die Möglichkeit ergibt, Mehrprodukt aus fremder Arbeit anzueignen, ergreifen sie die Macht. Öcalan sieht die ersten ideologischen Elemente des patriarchalen Bewusstseins als Konsequenz der den Männern in der Arbeitsteilung zufallenden Tätigkeiten entstehen: »Sowohl die Jagd als auch die Verteidigung des Klans vor äußeren Gefahren beruhten auf Töten und Verletzen und hatten folglich militärischen Charakter. Dies war der Beginn der Kriegskultur. Potentiell tödliche Situationen erfordern Loyalität zu Autorität und Hierarchie.« (RdF, S15)

Die Machtübernahme des Trios Schamane – starker Mann – alter Weiser sieht Öcalan als den »ersten großen sexuellen Umbruch«. Er bedeutet zwar die Plünderung und Eroberung der Kommunalgesellschaft, aber zunächst endet der Prozess noch mit einem »Patt«. Noch zwischen 4000 und 2000 v.u.Z. sei zwar eine schrittweise Verschlechterung der Situation der Frau zu beobachten, ihr Einfluss sei aber noch auf Augenhöhe. Doch die Vergöttlichung des Männlichen schreitet voran und breitet sich in den Institutionen des neuen Staatswesens aus. Priester, König und Verwalter werden die neuen Herren der Gesellschaft. Vererbung über die Linie des

Vaters an den Sohn garantiert die weitere Akkumulation des angehäuften Eigentums. In der Welt der Mythen und Sagen wurde der Mann heroisiert, die Literatur wird zur Erzählung der Heldentaten des Mannes. Diese Periode des ersten großen sexuellen Umbruchs nennt Öcalan die »erste große Konterrevolution«: »Ich rede von Konterrevolution, weil sie nichts Positives für die Entwicklung der Gesellschaft mit sich brachte.« (RdF, S21)

Der »zweite große sexuelle Umbruch« vollzieht sich durch die »Intensivierung des Patriarchats durch monotheistische Religionen« (RdF, S31). In den feudalen Gesellschaftsordnungen, die auf die Sklavenhalterstaaten folgten, wurde die Unterordnung der Frau zu einem göttlichen Gebot des Alleinherrschers des Universums. Die Verdrängung der Frau aus dem öffentlichen Leben schreitet voran, ihre Hausfrauisierung beginnt. Die Frau wird zum Anhängsel des Mannes, zugleich wird ihre Sexualität zum Sündigen schlechthin. Sowohl die Durchsetzung der Monogamie im christlichen, wie auch die der Vielehe im islamischen Monotheismus sind patriarchale Mechanismen.

Die Veränderungen in der Stellung der Frau, die sich durch die Herausbildung des Kapitalismus ergeben, stellen einen weiteren Angriff auf die gesellschaftliche Rolle der Frau dar: »Der Kapitalismus und der Nationalstaat repräsentieren den dominanten Mann in seiner am meisten institutionalisierten Form.« (RdF, S46) Der expansive, sich weltweit etablierende Kapitalismus trachtet nach der Vernichtung der letzten Gesellschaften, die noch auf dem Mutter-Frau-Prinzip beruhen. Und er dehnt die Kontrolle über die Frau weiter aus. Scharf kritisiert Öcalan die Vermarktung und Verwertung von Sexualität: »Der Missbrauch von Sexualität ist eines der wichtigsten hegemonialen Instrumente. Sie wurde nicht nur zur Ware gemacht und in eine gigantische Industrie verwandelt; gleichzeitig wurde die Sexualität in der Gesellschaft sowohl korrumpiert als auch zu einer patriarchalen, sexistischen Religion gemacht, die viel schlimmer ist, als die Vergöttlichung des Phallus in verschiedenen religiösen Kontexten.« (DKZ, S63) Das Einschließen der Frau in der monogamen Familie als »Gebärmaschine« und »Ehefrau« auf der einen, die Frau als jederzeit verfügbares Sexobjekt auf der anderen Seite sieht Öcalan als zwei Seiten derselben Medaille.

Für Öcalan ist die Zerschlagung der um die »Mutter-Frau« etablierten »gesellschaftlichen Moral« und damit der kommunalgesellschaftlichen Ordnung der erste aller Schritte in die etatistische Zivilisation. Mit ihr hängen sämtliche Faktoren zusammen, die wir bislang erörtert haben: Die Entwicklung von Hierarchien und Machtmonopolen; die totale Verwertung und Zerstörung der Natur; Eigentum und die Aneignung von Mehrwert/Mehrprodukt; Krieg, Expansionismus und die Eskalation von Gewalt bis zum Genozid.

Das Patriarchat ist seit seinem Entstehen eines der wesentlichen Momente der auf Ausbeutung, Staat und Urbanisierung beruhenden Zivilisation: »Die Geschichte des Verlusts der Freiheit ist gleichzeitig die Geschichte, wie die Frau ihre Stellung verlor und aus der Geschichte verschwand. Es ist die Geschichte, wie der dominante Mann mit all seinen Göttern und Dienern, Herrschern und Untergebenen, seiner Wirtschaft, seiner Wissenschaft und seinen Künsten Macht erhielt.« (RdF, S9)

Die sich im Verlauf der Geschichte vertiefende Unterordnung der Frau betrifft alle Gebiete des Lebens – von der politischen, ökonomischen Herrschaft bis in die Kontrolle über Körper, Emotionen, Wissen. Sie setzt sich auf der Mikroebene so weit durch, dass der Mann »jeden Kontakt mit ihr« – der Frau – »in eine Vorführung seiner Überlegenheit verwandelt« (RdF, S9). Die Etablierung des Patriarchats aber ist nicht total – sondern sie ist ein ständiger Kampf, der sich durch die gesamte Geschichte zieht und in dessen Verlauf sich auch das Antlitz des Patriarchats sowie der Gegenkräfte ändert. Auch die Versklavung von Frauen ist weder Naturgesetz noch Schicksal.

Klasse

Von Marxist*innen gelegentlich kritisiert wird, dass Öcalan keine angemessene Analyse von Klassenverhältnissen präsentiere. Wie auch immer es sich damit verhält, es besteht jedenfalls kein Zweifel, dass er alle Gesellschaftsformationen seit der Kommunalgesellschaft (auch) als Klassengesellschaften beschreibt. Was er allerdings ablehnt, ist eine Priorisierung des Widerspruchs zwischen Proletariat und Bourgeoisie. Vielmehr spricht er von der »Gesellschaft«

im Ganzen, die sich gegen Staat, Patriarchat und Kapitalismus zur Wehr setzt.

Die Frage, der sich Öcalan eher zuwendet, ist nicht, welche soziale Gruppen wissenschaftlich exakt im Kapitalismus (oder einer anderen gegebenen Phase der etatistischen Zivilisation) beschrieben werden können, sondern welche sich in Kämpfen zum Subjekt historischer Veränderung machen. Die verschiedenen Unterdrückungs- und Ausbeutungsverhältnisse sind dabei miteinander verwoben. Der Arbeitsvertrag mit dem männlichen Proletarier etwa hat zu seiner Voraussetzung zugleich die Organisierung der weiblichen Reproduktionsarbeit rund um ihn herum: »Das, was für Geld verkauft, also weggegeben wird, ist nicht nur Arbeitskraft. Um diese zu erlangen, braucht der Arbeiter vor allem einen gesunden Körper; um einen Körper zu haben, muss er eine Mutter haben; damit es eine Mutter geben kann, muss eine Frau vorhanden sein. So können wir eine endlose Kette von Vorbedingungen beschreiben.« (DKZ, S336)

Das revolutionäre Subjekt ist dabei für ihn ein Ganzes aus verschiedenen Klassen und Schichten, die ein Interesse an der Überwindung des Kapitalismus haben. Wie wir oben gesehen haben, schließt er sich der von Braudel entwickelten dreifachen Gliederung der Ökonomie (»materielle Zivilisation«, »Marktökonomie«, »eigentlicher Kapitalismus«) an – und sieht den Widerspruch vor allem zwischen dem »eigentlichen Kapitalismus«, also den monopolkapitalistischen und staatlichen Eliten und dem ganzen Rest des Volkes. So definiert er »Volk« in *Jenseits von Staat, Macht und Gewalt* als »die unterdrückten Klassen, ethnischen, kulturellen, religiösen und geschlechtsspezifischen Gruppen«, die als »dialektischer Gegenpol« zu Oligarchie und Staat stehen. (JSMG, S173) Die Zusammensetzung des »Volks« aus diesen Gruppen kann sich ändern, je nachdem wie sich die klassenmäßige, nationale, ethnische, kulturelle, rassische, religiöse, geistige und sexistische Unterdrückung ändert.

»Demokratie« bedeutet in diesem Kontext die Autonomie aller Unterdrückten: »Die Hauptmasse (der Demos) der historischen Gesellschaft, die der Lebensweise, der Moderne ihrer Zeit ihre eigentliche Farbe verleiht, sind die Jugend, die Frauen, die Arbeitslosen, die kolonialisierten Völker, viele religiöse Gemeinden und alle Gemeinschaften, die von ihrer Arbeit leben. Alle diese und ähnliche Gruppen nennen wir der Einfachheit halber Volk (Demos). Demokratie bedeutet, dass diese Gruppen sich selbst verwalten und regieren.« (SdF, S268)

Das Kriterium, das Öcalan für ausschlaggebend hält, dass ein Individuum bzw. eine soziale Gruppe Teil des revolutionären Subjekts ist, ist nicht per se die gesellschaftliche Stellung innerhalb der Klassengesellschaften. Es ist vielmehr die Subjektivität, die sich aus dem Widerstand gegen genau diese Stellung entwickelt. »Vergessen wir nicht«, mahnt er, »dass Chef und Arbeiter, die auf dem Erbe der jahrtausendealten Beziehung zwischen Herr und Sklave aufbauen, mit tausend Knoten aneinander gebunden sind.« (DKZ, S86) Die Kämpfe, die der Arbeiter als Arbeiter führt, bleiben deshalb auf der Ebene dessen, was Lenin »Trade-Unionismus« genannt hat – also der Aushandlung von ökonomischer Besserstellung innerhalb des Bestehenden.

Was Öcalan kritisiert, ist die Glorifizierung der Arbeiterklasse (oder anderer in einem Unterdrückungsverhältnis lebender Schichten): »›Es lebe der ruhmreiche Arbeiter, Leibeigene, Sklave!‹ zu sagen, käme objektiv gesehen einer Verherrlichung und Bejahung der hegemonialen Mächte gleich.« (SdF, S167f). Was vielleicht eher der sozialdemokratischen Tradition (»Die Arbeit hoch«) entspricht, verortet Öcalan auch im Marxismus und bemängelt in der Verherrlichung des Proletariats, dass hier einem »Typus (...) Subjektdasein zugeschrieben wird, obwohl er kein Subjekt sein kann«. (ebd.) Revolutionäre Subjektivität liege dagegen nur in der Selbstaufhebung des Proletariers als Proletarier: »Viel wichtiger als der problematische Kampf des Arbeiters gegen den Chef und für seine Rechte ist, Widerstand gegen die Proletarisierung zu leisten, also dagegen zu kämpfen, Arbeiter oder Arbeitsloser zu sein. Der sinnvollere und ethischere gesellschaftliche Kampf ist der Widerstand gegen das Proletariat-Sein und der Kampf gegen das Arbeiter-Sein oder Arbeitslos-Sein.« (DKZ, S86)

Generell kann man bemerken, dass Öcalan der Klassenanalyse keine allzu große Bedeutung beimisst. Klassen existieren und müssen überwunden werden. Aber zur Konstruktion eines revolutionären Subjekts greift er kaum auf eine präzise Erforschung der Klassenwirklichkeiten zurück. Für ihn sind alle, die nicht direkt Teil der Monopolherrschaft sind, zumindest potentiell Subjekte des Widerstands – und das ist die überwiegende Mehrheit der Bevölkerung. »Das Netzwerk, das sich im Laufe der Geschichte als Kapital und Macht organisiert, (Aristokratie, Herren, Bourgeoisie usw.) übersteigt niemals ca. zehn Prozent der Gesellschaft. Also macht der Hauptkörper der gesellschaftlichen Natur stets mehr als neunzig Prozent aus«, schreibt er (SdF, S205). Im Mittelpunkt des Interesses steht für Öcalan dann nicht so sehr die Ausdifferenzierung dessen, wer von diesen 90 Prozent Volk in welchen Beziehungen zueinander und zum Kapital steht, sondern der »subjektive Faktor«, wer wie kämpft.

Macht

Bereits in den Kapiteln über den Staat und die kapitalistischen Monopole kam häufiger der Begriff der »Macht« zur Sprache. Der dominante Mann übt »Macht« über die Frau aus, die »Machtmonopole« organisieren den Diebstahl von Mehrprodukt/Mehrwert, die hegemonialen Wissensformen begründen »Macht« über das Denken der Menschen. Und gelegentlich beschreibt Öcalan den gesamten Verlauf der Zivilisationsgeschichte als einen »Fluss der Macht« (DKZ, S154), der sich von Uruk über »tausend Nebenflüsse« bis in die USA erstreckt – gemeint sind die jeweils hegemonialen Systeme einer bestimmten Zivilisationsphase.

»Die passendste und funktionalste Definition von Macht in Zusammenhang mit Zivilisation ist jegliche Art gesellschaftlicher Handlung, um Mehrprodukt zu erhalten, zu vergrößern und zu beschlagnahmen«, schreibt Öcalan im zweiten Band des *Manifests der demokratischen Zivilisation* (DKZ, S264). Es geht ihm dabei nicht allein um die Aneignung materieller Werte, sondern genauso immaterieller, etwa kultureller. Macht kann sich ideologisch genauso wie militärisch durchsetzen. Sie kommt aus den Gewehrläufen, aber ebenso aus hegemonialen Systemen von Werten und Glaubensvorstellungen. Und sie stammt aus einem bestimmten Wissensregime – genauso, wie sie selbiges begründet und stärkt.

Diese breite Definition von Macht ist nicht beschränkt auf die offensichtlichsten Bereiche politischer Macht. Es geht nicht allein um den König oder den Staatenlenker. Wenn wir »Macht« als die Möglichkeit eines Individuums oder einer sozialen Gruppe sehen, einem anderen Individuum oder einer anderen sozialen Gruppe etwas zu entwenden – materielle Werte genauso wie Identitäten oder kulturelle Errungenschaften -, zeigt sie sich als tief in der gesellschaftlichen Praxis verankertes Netz mit tausend Knoten. Sie muss sich nicht durch Gewalt allein geltend machen. Sie funktioniert über anerkannte Wissenssysteme, über Autorität, die Furcht vor dem Versagen von Anerkennung, strukturellen Zwang und vieles mehr. Macht kann, schreibt Öcalan, akkumuliert werden wie Kapital (JSMG, S74). Dort, wo sie angehäuft wird, wird sie zu Dominanz. Der Nationalstaat ist eine solche Akkumulation von Macht, die kapitalistischen Monopole sind es ebenso.

Öcalans Überlegungen zur »Macht« sind nun vor allem auch motiviert durch seine Auseinandersetzung mit gescheiterten sozialen Aufbrüchen gegen die kapitalistische Moderne – sowohl die sowjetische Erfahrung wie die der antikolonialen Befreiungsbewegungen spielen hier eine Rolle. Die Macht sei »korrumpierend« – und dementsprechend eine Strategie, die darauf aufbaut, die Staatsmacht zu übernehmen, jederzeit eine, die in die Zivilisationslinie der Macht zurückfallen muss. Es gebe keinen Zweifel an der »guten Absicht« etwa der Sozialisten in Russland. Aber: »Die Gründer des Sozialismus kamen über die Kultur der zivilisierten Gesellschaft an die Macht. Sie hatten keine Hemmungen, über die Ruinen des blutigen und ausbeuterischen Erbes (nämlich die staatliche, an Macht gewohnte Gesellschaft) an die Macht zu kommen, sondern stürzten sich geradezu darauf.« (ZuW, S163) Die Konsolidierung der Sowjets als Staatsmacht wertet Öcalan als jenen Punkt, an dem ein demokratischer Aufbruch in sein Gegenteil umschlägt.

Öcalan folgt hier Foucault, wenn dieser kritisiert, der Sozialismus habe sich den Aufbau der neuen Gesellschaft nur nach den Prinzipien der alten vorstellen können. Das Modell, das er bei der Schaffung des »neuen Menschen« zugrunde legte, war »in Wahrheit das bürgerliche Modell«: »Er meinte, dass eine nichtentfremdete Gesellschaft eine solche sei, die beispielsweise einer bürgerlichen Sexualität, einer bürgerlichen Familie, einer bürgerlichen Ästhetik Raum geben würde.« (Foucault 2002, S619) Öcalan geht allerdings über Foucault hinaus: Auch das Modell von Produktion und Wissen blieben im sowjetischen Sozialismus auf dem Boden einerseits der monopolisierten Fabrikproduktion, andererseits des vulgärmaterialistischen Positivismus.

Die Dialektik von Macht und Gegen-Macht ist aber nicht ausweglos. Öcalan behauptet nicht, dass jeder Widerstand per se zu dem werden müsse, wogegen er sich richtet. Die »besonders von Anarchisten und Pazifisten« vertretene Ansicht, dass man »jede Art von Autorität und Stärke meiden« müsse »wie die Pest«, teilt Öcalan nicht. Sie sei nichts anderes als eine »Kapitulation vor der Macht« (DKZ, S264).

Dagegen stellt er die Möglichkeit einer »demokratischen Autorität« sowie der »Selbstverteidigung« der Gesellschaft gegen die Angriffe der Mächtigen: »Die Definition und die Lösung, die das System der demokratischen Zivilisation bringt, unterscheiden sich qualitativ davon. Das Recht jeder gesellschaftlichen Gruppe auf Verteidigung ist heilig. Eine Verteidigungskraft gegen jeden Angriff darzustellen, die sich gegen die Existenz der Gruppe und damit verbundene Werte richtet, ist mehr als ein unverzichtbares Recht; es ist existenzbegründend. Ich bin der Überzeugung, dass eine solche Verteidigungskraft nicht im klassischen Sinn als Macht bezeichnet werden kann. Es ist angemessener, von einer demokratischen Verteidigungskraft oder -autorität zu sprechen.« (DKZ, S264)

Man könnte sagen, Öcalans negativer Begriff von Macht bezeichnet die Entmachtung der Gesellschaft durch Machtmonopole (kapitalistische, staatliche). Gegen sie entwickelt er eine Theorie der Selbstermächtigung: »Eine Gesellschaft, die frei von Herrschaft sein soll, bedarf nicht eines Befreiungskampfes gegen einen Feind, der ihr gegenübersteht (trotz der Notwendigkeit der Selbstverteidigung), sondern der Selbstermächtigung und der Aneignung eigener Wahrheitszugänge«, schlägt der Internationalist Michael Panser zur Interpretation von Öcalans Machttheorie vor (Bager, S50).

Kapitel 4
Der Aufbruch: Demokratische Moderne und Sozialismus

Wir haben gesehen, wie stark die Kräfte sind, die heute auf der Gesellschaft lasten. Was also tun? Wie könnte ein anderes Zusammenleben aussehen, eines jenseits von Staat, Macht und Gewalt, jenseits von Klassen und Patriarchat?

Öcalans These ist, dass das Zusammenleben des Gattungswesen Mensch nach einer bestimmten Form verlangt. Das nennt er Gesellschaftlichkeit[12] überhaupt. Diese Form schließt politische Selbstbestimmung als Kollektiv, Freiheit und Gleichheit, ein. Diese demokratische Kommunalität wird durch den ganzen Zivilisationsapparat der Macht- und Kapitalmonopole bedrängt, verzerrt, geschwächt. Aber sie verschwindet nicht, selbst wenn sie – wie in modernen kapitalistischen Gesellschaften – schon beinahe komatös ist. Öcalan meint nun, das politische Projekt der Emanzipation bestehe nicht in einer Art social engineering, bei dem man eine neue Gesellschaft auf dem Reißbrett entwirft, um sie dann umzusetzen. Vielmehr sei die eigentliche Aufgabe, die Selbstermächtigung der Gesellschaft zu befördern – intellektuell, kulturell, durch den Aufbau geeigneter Institutionen sowie durch politische und – wo unvermeidbar –in letzter Instanz militärische Selbstverteidigung.

Die Gesellschaftsordnung, die der politisch-moralischen Gesellschaft entspricht, kann man Sozialismus nennen. Dass Öcalan den in der Sowjetunion unternommenen Versuch des Aufbaus des Sozialismus für gescheitert hält, ändert daran nichts. Vielmehr will er aus diesem Scheitern die Konsequenzen für einen neuen Anlauf ziehen. Und eine der wichtigsten ist, wie bereits angedeutet, dass dieser neue Sozialismus nicht einfach den Staatsapparat des Nationalstaats übernehmen – und dann noch ausbauen – kann. Das führte historisch zum Tod jener radikalen Demokratie, die Öcalan in den

12 Er verwendet zur Beschreibung von »Gesellschaft an sich« eine Reihe von Begriffen synonym: bspw. »moralische und politische Gesellschaft«, »demokratische Kommunalität« und »demokratische Gesellschaft« (SdF, S495).

ursprünglichen Sowjets, den Arbeiter-, Bauern- und Soldatenräten, sieht. Der Sozialismus aber muss demokratisch sein, oder er kann gar nicht sein. »Seinem Inhalt nach hätte der Sozialismus dasjenige System sein müssen, das eine demokratischere Gesellschaft entwickelt als jedes andere«, schreibt er (GE1, S427). Häufig verwendet Öcalan jenes Begriffspaar als Synonym für »Sozialismus«, das er schon für die Beschreibung der kommunalen Urgesellschaft nutzt: Freiheit und Gleichheit. Die dialektische Einheit beider ist Sozialismus. Ein staatlich verfasster Sozialismus aber kann beide nicht verwirklichen – und ihre Einheit schon gar nicht.

Das Defizit der Bildung und Entwicklung von basisdemokratischen Institutionen kann sich ein erneuter Anlauf zum Sozialismus nicht leisten. »Die Kraft des Sozialismus aber wird sich erst mit einem weitgefassten, tiefen demokratischen Bewusstsein der Gesellschaft, ihrer dementsprechenden Organisierung und Lebensweise entfalten können. Nicht der Staat muss gestärkt werden, sondern die Gesellschaft an Kraft gewinnen. Der Weg dahin ist die demokratische Gesellschaft, der Name des Prozesses die demokratische Zivilisation.« (GE1, S427)

Man muss genau lesen: Der »Weg« zum Sozialismus führt über eine Stärkung der »demokratischen Gesellschaft«, mithilfe des Konzepts, das unter dem Namen »demokratischer Konföderalismus« Bekanntheit erlangt hat. Das »Zeitalter der demokratischen Zivilisation«, schreibt er auch, sei »die Phase des Übergangs zwischen der eskalierenden, permanenten Krise des alten Zivilisationssystems und dem noch nicht konkret herausgebildeten neuen zivilisatorischen Aufbruch« (GE1, S404).

Sein Gedanke ist, dass der Weg zum Sozialismus nicht die Machtergreifung im bürgerlichen Staat und der darauf folgende Aufbau des Sozialismus sein kann; so würde man nur den Weg des Staatssozialismus gehen, der »eine grundlegende gesellschaftliche Arbeit wie den Aufbau des Sozialismus, der vollständig durch die demokratische Moderne erfolgen muss, durch die ›sozialistische Macht‹ von vornherein vereitelte« (DKZ, S263). Oder anders ausgedrückt: »Ebenso wenig man aus dem Maultier ein Pferd machen kann, kann man auch den Nationalstaat sozialistisch machen oder als sozialistisch betrachten!« (SdF, S277)

Man kann Öcalan hier so verstehen: Es gibt eine (lange) Übergangsperiode von der zugrunde gehenden etatistischen Zivilisation, die ihren Höhepunkt in der kapitalistischen Moderne erreicht hat. Das heißt aber nicht, dass man nun rasch die staatliche Macht erobern kann und dann führt man den Sozialismus ein. Sondern zunächst muss noch innerhalb der alten Gesellschaft ein radikaler Demokratisierungsprozess eingeleitet werden, der die Voraussetzungen des Sozialismus erst schafft. Die Politisierung der Gesellschaft und die Überwindung liberaler, individualistischer, patriarchaler, kolonialistischer, rassistischer Bewusstseinsformen ist Teil dieses Prozesses. Ohne die Arbeit am Bewusstsein der Gesellschaft können nicht einmal die Voraussetzungen für den Sozialismus geschaffen werden. Es sei »einer der größten Fehler der marxistischen Methode« gewesen, »ohne zunächst die Revolution in der geistigen Sphäre zu konzentrieren, den gesellschaftlichen Aufbau von den Proletariern zu erwarten, die tagtäglicher Repression und Ausbeutung ausgesetzt waren.« (ZuW, S53) Die Zurichtungen der Menschen durch die patriarchalen, staatlichen Klassengesellschaften verschwinden nicht einfach durch die Übernahme der Staatsmacht – im Gegenteil. Was so geschaffen wird, trägt nicht nur die Muttermale der alten Gesellschaft, es wird ihr ähnlicher und ähnlicher.

Die Schaffung tatsächlich demokratischer Institutionen, die Stärkung der Gesellschaft gegenüber Staat, Patriarchat und Kapital, die Entwicklung eines neuen gesellschaftlichen Bewusstseins durch eigenständige, nicht in den Institutionen der feindlichen Zentralzivilisation (offizielle Schulen und Universitäten) durchgeführte Bildung sind die Eckpunkte eines langwierigen Übergangsprozesses zum Sozialismus, wie sie die Keimformen des Neuen im Alten selbst sind. Revolution ist in dieser Perspektive keine einmalige Machtübernahme, sondern eine lange Transformation mit quantitativen Veränderungen, die in qualitative umschlagen. Allerdings, das muss man auch gleich dazu sagen, anders als viele linksliberale Theorien der »Transformation« vollzieht sich diese bei Öcalan gerade nicht als Beteiligung an den Institutionen des bürgerlichen Staates – sondern besteht im Aufbau und der Organisierung eigener demokratischer, ideologischer, ökonomischer Institutionen sowie deren Verteidigung.

Bildlich ausgedrückt, wird der bürgerliche Staatsapparat nicht »erobert« und dann »zerschlagen«, wie das in der leninistischen Tradition der Fall ist, sondern ihm wird Stück für Stück Gebiet abgetrotzt, bis er sich als der Anachronismus erweist, der er ist: »In der zeitgenössischen demokratischen Zivilisation wird der Staat nicht auf den Müllhaufen der Geschichte geworfen, indem er zerschlagen und zerkleinert wird, sondern nachdem er langsam aber sicher zu Altmetall, zu Maschinenschrott gemacht worden ist.« (GE1, S457)

Das geschieht dadurch, indem sich die Gesellschaft ihr eigenes System gibt und es dem der Zentralzivilisation entgegensetzt. Der Trias Kapitalismus – Industrialismus – Nationalstaat muss die politisch-moralische Gesellschaft ihr eigenes System entgegenstellen, das seinerseits durch drei Begriffe umschrieben werden kann: »Demokratische Gesellschaft, Öko-Industrie und demokratischer Konföderalismus können wir unter dem Namen ›demokratische Moderne‹ als Gegensystem vorschlagen.« (SdF, S450).

Die Wiederbelebung der demokratischen Gesellschaft

Die Basis dieses Konzepts ist die »politisch-moralische Gesellschaft«. Wir haben bereits oben gesehen: Die politisch-moralische Gesellschaft ist die nicht tot zu kriegende DNA der demokratischen Zivilisation. Überall, wo Gemeinschaften gegen die staatlich-kapitalistische Zivilisation Widerstand leisten, sieht Öcalan sie in Aktion.

Die Zentralzivilisation allerdings hat über die Jahrtausende ein striktes Regime über sie errichtet, die Gesellschaft nahezu vollständig ihrer Kräfte beraubt und sie den Zwecken der Monopole unterworfen. Manchmal beschreibt Öcalan dieses Verhältnis als innere Kolonisierung (SdF, S450), manchmal spricht er von einer »Herdengesellschaft« (SdF, S58). Durch die ideologische Hegemonie des Systems, durch brutale Unterdrückung der Widerständigen, aber auch durch die freiwillige Unterwerfung – Konsumismus, Karrierismus, Staatsgläubigkeit – hat die Gesellschaft an Raum gegenüber dem System der Monopole eingebüßt. Vielerorts ist sie zu einem »Kadaver« (SdF, S320) geworden, unfähig zu politischer Selbstbestimmung.

Die Wiederbelebung der Gesellschaft ist die erste der drei Aufgaben, die Öcalan als notwendig für den systematischen Gegenentwurf zur kapitalistischen Moderne ansieht. Dies ist zuallererst auch eine intellektuelle Aufgabe. Die geistige Renaissance, die nötig ist, damit die Gesellschaft zum Subjekt des Wissens über sich selbst wird, kann sich dabei nicht in den Institutionen der kapitalistischen Moderne vollziehen. Die offiziellen Schulen und Universitäten bringen »intellektuelle Kapitalisten und Packesel« (SdF, S406) hervor, sie verbleiben in ihrer Form und Methode gebunden an die Monopole. Dagegen schlägt Öcalan eine Konföderation von »demokratischen Akademien« (SdF, S423) vor, global verbunden und eine Art Schule für »organische Intellektuelle« der Gesellschaft – wenn man einen Begriff Antonio Gramscis verwenden will. Ihre Aufgabe ist eine »radikale aufklärerische Revolution« (SdF, S424), ohne die die demokratische Moderne nicht gestärkt werden kann.

Öcalan macht eine Reihe von sehr konkreten Vorschlägen für diese Akademien: Akademien, die sich autonom organisieren, in denen Frauen überwiegen, die Rotation der Rolle von Lehrenden und Lernenden usw. Der systematisch relevante Punkt ist, dass sie ein Element des Widerstands der Gesellschaft sein müssen. Und zwar insofern als sie die Einheit von Erkenntnissubjekt und Erkenntnisobjekt herstellen, denn in den demokratischen Akademien erkennt die Gesellschaft sich selbst, ihre eigene Geschichte, Gegenwart und Zukunft: »Zweifellos vernachlässigen wir nie und nirgends, dass die Haupteinheit, die beobachtet und beobachtet wird, die moralische und politische Gesellschaft ist.« (SdF, S421)

Die demokratische Gesellschaft braucht zugleich und verbunden mit der intellektuellen Erneuerung eine »moralische«, wie Öcalan betont. Öcalan versteht das kodifizierte Recht seit dem *Codex Hammurapi* als eine Form der Herrschaft der Monopole über die Gesellschaft. »Recht« sieht Öcalan in erster Linie als Klassenrecht, als Zustand »in dem die Handlungen der politischen Macht des Staates eine dauerhafte, geregelte und institutionalisierte Form angenommen haben« (DKZ, S99). Gesellschaften, in denen das Recht die zwischenmenschlichen Beziehungen regelt, sind solche, »in denen die Moral erodiert, die Rolle der Gewalt zunimmt und zu Chaos führt und sich Probleme der Ungleichheit stark bemerkbar machen.« (ebd.)

»Recht« hat seine Quelle in der klassen- und staatsbasierten Zivilisation. »Moral« dagegen sieht Öcalan als die Gesamtheit der Regeln, Sitten und Bräuche, die aus der »Gesellschaft an sich« erwachsen. Moral definiert Öcalan als »den besten Weg zur Befriedigung der vitalen Grundbedürfnisse« (SdF, S427). Die Moral entstehe in der natürlichen Gesellschaft als Reflex der gelingenden gesellschaftlichen Arbeit (im weitesten Sinne): »Das heißt also, dass Moral und Demokratie denselben Ursprung teilen: den kollektiven Verstand und die Arbeitsfähigkeit der gesellschaftlichen Praxis.« (SdF, S428)

Öcalan lehnt – das legen andere Passagen nahe – nicht »Recht« im allgemeinen Sinne als Formalisierung eines Regelwerks in einer Gesellschaft ab: «Zweifellos hat das Recht seinen Platz in der Gesellschaft, wenn es denn gerecht ist; in diesem Sinne ist das Recht unverzichtbar. Doch das Recht, das unter der Bezeichnung ›positives Recht‹ vom Staat der Gesellschaft aufgezwungen wird, ist keine Gerechtigkeit, sondern der in Recht gefasste Monopolismus der herrschenden Klasse und Nation, das Regelwerk des Nationalstaates.« (SdF, S319) Nur insofern als es die Formalisierung der Regeln der Klassenzivilisation ist, trägt es nicht zum Leben der Gesellschaft bei, sondern ist im Gegenteil ein Hindernis. Nicht nur sind die Gesetze Mittel zur Durchsetzung der Monopolherrschaft, sie erziehen der Gesellschaft auch die Fähigkeit ab, nach einer immanenten Ethik moralisch zu handeln.

Intellektuelle und moralische Wiederbelebung der Gesellschaft sind miteinander und mit der politischen Erneuerung eng verbunden. Die Gesellschaft, gewohnt ihre Angelegenheiten an ihre Unterdrücker zu delegieren, muss die ihr eigene Kraft zu kollektiver Willensbildung wiederentdecken und entfalten.

Demokratie ohne Staat

Wie sieht nun die politisch-institutionelle Form der »demokratischen Gesellschaft« aus, die Abdullah Öcalan vorschlägt? Er nennt sein Konzept »demokratischen Konföderalismus«. Dieser sei eine »nichtstaatliche politische Administration« oder »Demokratie ohne Staat« (DemKonf, S21) – wobei wir bei Öcalans Demokratiebegriff immer im Hinterkopf behalten müssen, dass er gerade nicht den real existierenden bürgerlichen Parlamentarismus meint. Der Kern dieses Konzepts knüpft an die rätedemokratische Tradition der Arbeiterbewegung an: »Im Gegensatz zu einem zentralistisch-bürokratischen Verständnis von Verwaltung und der Ausübung von Macht stellt der Konföderalismus eine Art der politischen Selbstverwaltung dar, bei der sich alle Gruppen der Gesellschaft und alle kulturellen Identitäten auf regionalen Treffen, allgemeinen Versammlungen und in Räten äußern können.« (DemKonf, S26)

Öcalan wendet sich gegen »Zentralisierung«, insofern sie Machtmonopolisierung ist. Er ist aber zugleich kein Advokat einer puren Regionalisierung, in der die einzelnen Gemeinschaften nichts miteinander zu tun haben, für sich entscheiden und unverbunden nebeneinander her existieren. Im Gegenteil. »Ich habe bereits den Punkt thematisiert, dass auf der regionalen Ebene die Entscheidungen getroffen werden. Dennoch müssen sich die Überlegungen, die zu diesen Entscheidungen führen, im Einklang mit globalen Aspekten befinden«, erinnert er (DemKonf, S27).

Die Räte verlagern den demokratischen Prozess in die gesellschaftliche Basis, aber sie sind überregional zusammengeschlossen – bis hin zum »Globalen Demokratischen Konföderalismus« (DKZ, S371). Was Öcalan »Demokratie« nennt, ist »die Anwendung demokratischer Entscheidungsprozesse von der lokalen bis zur globalen Ebene im Rahmen eines kontinuierlichen politischen Prozesses (DemKonf, S27).«

Die Grundidee von Öcalans Alternative ist simpel[13]. Und sie ist nicht neu, sondern die Aktualisierung der rätedemokratischen Idee der Arbeiterbewegung, die er an die Gegebenheiten des Nahen Ostens anpasst. Sein Konzept sieht deshalb nicht nur Arbeiter-, Bauern- oder Soldatenräte vor, sondern er betont, dass alle gesellschaftlichen Gruppen nach Bedürfnis eigene Rätestrukturen gründen können – was unter den Gegebenheiten des Nahen Ostens vor

13 Für den hiesigen Zweck geht es eher um die generellen Bestimmungen dieses Systems. Wer erfahren will, wie ein typisches Institutionengeflecht nach diesem Prinzip aussieht, kann das detailliert am Beispiel der Rojava-Revolution hier lesen: Anja Flach / Ercan Ayboğa / Michael Knapp: Revolution in Rojava – Frauenbewegung und Kommunalismus zwischen Krieg und Embargo, VSA Hamburg 2018.

allem auch Ethnien und Religionsgruppen einschließt, die traditionell sowohl von den lokalen Regimen wie von den globalen imperialistischen Mächten gegeneinander ausgespielt werden.

Die Demokratisierung kann sich aber nicht alleine im Bereich des im engeren Sinne Politischen vollziehen. »Die programmatische Grundhaltung für den ökonomischen Bereich sollte der Übergang von einer Wirtschaft, die auf Verdinglichung, also der Verwandlung aller Dinge und Beziehungen in Waren, und Profit beruht, zu einer Wirtschaft sein, die auf dem Gebrauchswert und dem Teilen basiert«, schreibt Öcalan (JSMG, S468). Diese Rücknahme der Ökonomie in die Entscheidungsmacht der Gesellschaft soll nicht nur die ökonomischen Probleme des Kapitalismus, sondern auch die mit ihm einhergehende Naturzerstörung beenden. Die »Wirtschaftspolitik des Sozialismus« bestehe im »langsamen Übergang von der Warengesellschaft zu einer Gesellschaft, die für den Gebrauchswert produziert« (ebd.).

Dieser Übergang bedeutet zugleich die Aufhebung der ausgebeuteten Arbeiterklasse: »Eine echte Volksdemokratie akzeptiert Sklaven, Leibeigene und Arbeiter nicht, wie es sie im System der Sklaverei, des Feudalismus und des Kapitalismus gibt, sondern lehnt sie ab. (...) Wo sich (...) Demokratie entwickelt, dort hören Sklaverei, Leibeigenschaft und Proletariertum zu existieren auf. Man wird immer noch arbeiten. Aber als Herr der eigenen Arbeit, als Mitglied der eigenen Arbeitskommune. Kommunalismus und Demokratie sind so fest miteinander verbunden wie Finger und Nagel.« (JSMG, S178) Die »Arbeitskommune« als an das Rätesystem angeschlossene Wirtschaftseinheit nennt Öcalan auch »Kooperative«. Sie ist das ökonomische Komplement zu den politischen Institutionen Rat und Kommune.

Wenn man nun zwar sagen kann, dass Räte und Kooperativen den Kern der »Demokratie ohne Staat« darstellen, so erschöpft sich das aus Sicht Öcalans aufzubauende Institutionengeflecht keineswegs in diesen beiden. Vielmehr ist der Inhalt des »demokratischen Konföderalismus« der Aufbau der »organisierten« oder auch »politisierten« / »moralischen« Gesellschaft – also der Überwindung der durch die etatistische und kapitalistische Zivilisation geschaffenen Unmündigkeit der Massen.

Insofern betont Öcalan – wie wir bereits oben gesehen haben – die Wichtigkeit des Aufbaus von kulturellen und Bildungsinstitutionen, Akademien. Diese werden ergänzt durch weitere zivilgesellschaftliche Zusammenschlüsse. Es müsse eine gesellschaftliche Moral wiederhergestellt werden, die durch die Machtübernahme am Ende der Kommunalgesellschaft verloren gegangen ist (bzw. durch Klassenmoral, Religionen und Gerichtsurteile ersetzt worden ist). Ohne eine verbindliche Ethik sei Gesellschaftlichkeit nicht möglich: »Eine Gesellschaft drückt ihre Freiheit im Grunde durch ihre Moral aus. Daher hat, wer keine Freiheit besitzt, auch keine Moral. Der effektivste Weg, um eine Gesellschaft zu zerrütten, ist, ihre Verbindung zur Moral zu kappen.« (DKZ, S100) Umgekehrt ist eine kollektive gesellschaftliche Ethik notwendig für die Ausübung der Freiheit der verschiedenen Gruppen: »Es ist ein natürliches Recht, die eigene kulturelle, ethnische oder nationale Identität mit Hilfe politischer Vereinigungen zum Ausdruck zu bringen. Allerdings bedarf dieses Recht einer moralischen und politischen Gesellschaft.« (DemKonf, S22) Die entweder ohnehin geteilten oder in einem Gesellschaftsvertrag festgelegten politisch-moralischen Rahmenbedingungen formulieren die der Ausübung der Freiheitsrechte zugrundeliegende Ethik.

Eine besondere Rolle nimmt in Öcalans Konzept des demokratischen Konföderalismus die Selbstbestimmung der Frauen ein. »Das Maß der Freiheit in einer Gesellschaft wird durch das Maß der Freiheit der Frauen in ihr bestimmt«, schreibt Öcalan (JSMG, S466). Die »Frauenfrage« stellt den »Dreh- und Angelpunkt der gesellschaftlichen Transformation« (ebd.) dar. Der Kampf um die Freiheit der Frau müsse geführt werden »durch den Aufbau eigener politischer Parteien (...), durch eine im Volk verankerte Frauenbewegung, den Aufbau eigener zivilgesellschaftlicher Organisationen und Strukturen der demokratischen Politik.« (RdF, S66)

Daraus folgt zum einen die Notwendigkeit von autonomen Frauenorganisationen in allen Bereichen des gesellschaftlichen Lebens. Auch die in der kurdischen Bewegung übliche Einführung eines geschlechterparitätisch besetzten Ko-Vorsitzes in allen politischen Gremien hat hier ihre Wurzeln.

Zum anderen fordert Öcalan die Schaffung eines eigenen Zweigs der Wissenschaften, der *jineoloji*. Diese soll als »Wissenschaft der Frau« zur »Grundlage der Lösung unserer gesellschaftlichen Probleme« werden, indem sie eine dezidiert weibliche Perspektive entwickelt. Die *jineolojî* ist kein Nischenprojekt. Es geht nicht darum, dass sich Frauen mit »Frauenthemen« beschäftigen, sondern um die Wiederaneignung der Geschichte und Gegenwart aus »weiblicher« Perspektive. Öcalan erhofft sich davon Impulse für das Zurückdrängen jener patriarchalen Mentalität, die seit Jahrtausenden der Herrschaft in der Zivilisation zugrunde liegt. Es geht um nicht weniger, als darum, herauszufinden, »wie wir in der ideologischen Arena gegen die herrschsüchtige und machthungrige Mentalität des Mannes gewinnen« (RdF, S59).

Wenn wir Öcalans Idee der *jineolojî* mit seiner Analyse des Niedergangs der ursprünglichen Kommunalgesellschaft in Verbindung setzen, können wir sehen, was der Kern dieses Anliegens ist. Öcalan hatte ja erklärt, die kommunale Urgesellschaft sei durch eine an der Zentralstellung der Frau orientierte Ethik zusammengehalten worden. Diese sei durch die entstehende staatliche Klassenzivilisation zerschlagen, diffamiert und aus der Geschichte verdrängt worden. Der *jineolojî* geht es um die Ausgrabung dieses verschütteten Erbes: »Die Frau als Hauptkomponente der moralischen und politischen Gesellschaft hat eine entscheidende Rolle bei der Bildung einer Ethik und Ästhetik des Lebens, die Freiheit, Gleichheit und Demokratisierung widerspiegeln. Ethische und ästhetische Wissenschaft sind ein integraler Bestandteil der *jineolojî*. Wegen ihrer gewichtigen Verantwortung im Leben wird sie zweifellos die treibende intellektuelle und umsetzende Kraft hinter Fortschritten und Chancen sein.« (RdF, S60f) Auch die Ökonomie sollte schwerpunktmäßig zum Gegenstand der *jineolojî* gemacht werden, was mit Öcalans Überzeugung, dass die Frau die wirtschaftliche Hauptkraft der Gesellschaft darstellt, zusammenhängt.

Ausgehend von Öcalans Vorschlag ist in den vergangenen Jahren in der kurdischen Bewegung und in Zusammenarbeit mit internationalistischen Frauen eine umfassende Forschungstätigkeit unter dem Dach der *jineolojî* entstanden. Magazine werden herausgegeben, in Bereichen wie Geschichte und Archäologie findet Grundlagenforschung statt und in Rojava eröffnete eine eigene Akademie, die den Namen der deutschen Internationalistin Andrea Wolf trägt.[14]

Öko-Industrie und Öko-Gemeinschaften

Der neue Gesellschaftsentwurf muss auch das auf eine Katastrophe zusteuernde Mensch-Natur-Verhältnis neu bestimmen. Die maßlose Vernutzung der gesamten Natur im Dienst der Kapitalakkumulation der Monopole hat die Menschheit an die Grenze der drohenden Auslöschung geführt. Der Mensch zerstört die Natur und damit seine eigene Lebensgrundlage. Dementsprechend betont Öcalan: »Eine Ökologiebewegung gehört zu den unverzichtbaren Bestandteilen der neuen Gesellschaft, die wir errichten wollen.« (JSMG, S300)

Die selbstmörderische Beziehung des Menschen zur Natur hat tief in die Prinzipien der etatistischen Zivilisation reichende Gründe. Wir haben gesehen, wie bereits institutionalisierte Religion, mehr aber noch der positivistische Szientismus die Natur auf eine tote Masse verwertbarer Materie reduzieren. Und wir haben gesehen, wie sich mit der Möglichkeit der Produktion von Mehrwert Klassen über die Gesellschaft erheben und Akkumulation von Werten zum Leitfaden von Entwicklung machen. Für Öcalan erreicht diese Missachtung der Natur mit der »industriellen Revolution« im 18. und 19. Jahrhundert eine neue Qualität. Die aus Maschinenproduktion und immer rasanterer technischer Entwicklung resultierenden Möglichkeiten werden unter kapitalistischen Rahmenbedingungen zu Gefahren für die gesamte Menschheit. Ganze Landstriche veröden, Meere, Flüsse und Seen sind überfischt und verschmutzt. Der Mensch ist technisch in der Lage, das Leben auf der Erde vollständig auszulöschen.

Der »Industrialismus« gibt auch dem Stadt-Land-Verhältnis ein neues Gesicht. Er entwertet die ruralen Gegenden und gestaltet sich die urbanen nach seinem Zweck: »Die lawinenartig anwachsenden Industrieanlagen entsprachen gemäß ihrer Natur nicht den Bedürfnissen des Lebens, sondern den Bedürfnissen des Profits.

14 Informationen zur jineolojî-Arbeit unter anderem hier: http://jineoloji.org/de/

Barackensiedlungen und Slums voller Proletarier, der modernen Sklaven, hatte die Stadt vorher nicht gekannt. Sie repräsentierten die Kolonisierung des ländlichen Bereichs. Barackensiedlungen und Slums wurden als eine innere Kolonisierung vorangetrieben, die schlimmer war als die Kolonisierung des Handelszeitalters. Ob die Menschen dort Arbeit hatten oder nicht, diese Gegenden bildeten die Arbeitskraftreserve der Industrie.« (DKZ, S318) Der »Industrialismus«, wie Öcalan schreibt, bildet zudem nicht nur die Grundlage für Imperialismus und Nationalstaat, er verschärft auch die Umweltprobleme. Die kapitalistische Moderne, so Öcalan, habe »das blutigste Zeitalter der Geschichte« hervorgebracht, »weil sie durch das Trio Industrialismus, National-Etatismus und Kapitalismus entstand.« (DKZ, S324)

Allerdings: »Industrialismus« und »Industrie« sind nicht dasselbe. »Genauso, wie die Wirtschaft ein gesellschaftlicher Bereich ist, der keine Bourgeoisie als Klasse benötigt, ist auch die Industrie ein Wirtschaftsbereich, der nicht von vornherein eine Industriebourgeoisie benötigt«, schreibt Öcalan (DKZ, S271). Wenn die Industrie unter der Herrschaft monopolistischer »Cliquen« – historisch zunächst aus der bereits zuvor bestehenden Handelsbourgeoisie – nach dem Profitimperativ ausgerichtet wird, handelt es sich um »Industrialismus«.

Die Grundvoraussetzung für eine ökologische Gesellschaft ist, dass die Macht der Monopole über die Industrie gebrochen wird. Erst dann wird eine »Produktions- und daher Investitionspolitik nach den Möglichkeiten von Wissenschaft und Technologie vorstellbar, die grundlegende gesellschaftliche Bedürfnisse und Umweltbedingungen berücksichtigt« (DKZ, S321). Wenn Technik und Wissenschaft aus den Klauen der Profitakkumulation befreit sind, können sie ihren Beitrag dazu leisten, eine kommunal-matriale Gesellschaft auf zeitgemäßem Niveau zu errichten: »Die natürliche Gesellschaft, die die Urgesellschaft spontan hervorgebracht hat, können wir heute mit Hilfe von Wissenschaft und Technologie bewusster erschaffen.« (JSMG, S300)

Das ökonomische Konzept, das dem demokratischen Konföderalismus entspricht, ist das der »Öko-Industrie«, von der Öcalan erwartet, dass mit ihr »auch die gesellschaftliche Basis von Arbeitslosigkeit, Über- oder Unterproduktion, hoch oder gering entwickelten Ländern und Regionen, des Gegensatzes Dorf–Stadt, der Kluft zwischen den Klassen, wirtschaftlichen Krisen und Kriegen« (SdF, S325f) verschwindet. Die Öko-Industrie schließt dabei nicht nur die Unterordnung der Wirtschaft unter die Bedürfnisse der Gesellschaft ein, sondern begründet auch ein neues Verhältnis von Land und Stadt. Die Dominanz der Stadt gegenüber dem Land soll aufgehoben werden, die Landwirtschaft als Basisversorgung der Gesellschaft aufgewertet werden. Für die agrarischen Wirtschaftsbereiche schlägt Öcalan ebenfalls eine Kollektivierung auf freiwilliger Basis vor. »Landwirtschaftlich genutzte Böden, die durch wiederholte familiäre Aufteilung ihren Charakter als Einheit verloren haben, unter Berücksichtigung des Prinzips der Öko-Industrie neu zu ordnen, ist ein Problem, das schon lange auf eine Lösung drängt.« (SdF, S329) »Öko-Gemeinschaften« sollen die Fragmentierung in Einzelproduzenten überwinden und eine »dörfliche Moderne« einleiten (ebd.).

Idealtypisch wird das Eigentum an den Produktionsmitteln in den Händen der jeweiligen Gemeinschaften liegen – und die Wirtschaft wird »unbedingt an der Gemeinschaft ausgerichtet und gemäß Prinzipien der Ökologie und der Effizienz organisiert werden« (SdF, S330). Die wirtschaftlichen Aktivitäten müssen, obwohl sie an die Basiseinheiten des demokratischen Konföderalismus angebunden sind, in eine »Koordination, die nationale, regionale und sogar internationale Bedingungen berücksichtigt«, eingebunden sein (ebd.). Allerdings weiß Öcalan auch: Für eine sehr lange historische Phase werden unterschiedliche Eigentumsformen koexistieren und müssen auf die Zwecke der Gesellschaft ausgerichtet werden: »Wichtig ist eine Offenheit für flexible Eigentumsnormen, die Antworten für Umwelt, Produktivität und Arbeitslosigkeit bieten können.« (ebd.)

Die Einbindung der Industrie in eine auf »Kommunen, Kooperativen und verschiedene Assoziationen« (JSMG, S304) basierende Wirtschaft unter Kontrolle der Gesellschaft stellt die materielle Vorbedingung der Lösung der ökologischen Frage dar. Aber das allein reicht nicht aus. Es muss ein umfassender gesamtgesellschaftlicher Prozess der Umwertung der bisherigen Werte stattfinden. Das durch die Klassenzivilisation geschaffene Bild der Natur als jederzeit verfügbarer Rohstoff, die Fokussierung auf die Anhäufung von Konsumgütern und die Abwertung nicht-menschlichen Lebens müssen beendet werden.

An dieser Stelle muss erwähnt werden, dass Öcalan nicht allein in seinem Versuch, die ökologische Krise auf die sozialen Beziehungen zurückzuführen, sondern auch in der Ausgestaltung seines Konzepts von demokratischen Institutionen und einer politisierten Gesellschaft offenkundig zahlreiche Impulse dem Werk Murray Bookchins verdankt.[15]

Bookchins Konzepte der »sozialen Ökologie« sowie einer konföderalen, auf Basisdemokratie basierenden Reorganisierung der Gesellschaft, die zugleich zur Grundlage für die Lösung der ökologischen Probleme werden soll, haben unübersehbar einen großen Einfluss auf das gesamte Denken Öcalans. Auch Bookchin sieht die Natur im Ganzen als einen sich stetig entwickelnden Prozess, die Gesellschaftlichkeit des Menschen als »zweite Natur« und die Entfremdung des »zivilisierten« Menschen von der Natur als ein auf Klassenausbeutung, männlicher Dominanz und Hierarchisierung basierendes Verhältnis. Und auch für den US-amerikanischen Ökosozialisten ist klar, dass »die Idee, die Natur zu beherrschen, ihre vorrangige Quelle in der Herrschaft von Menschen über Menschen und in der Strukturierung der natürlichen Welt als einer hierarchischen Kette des Seins« hat (Bookchin 2006, S38). Für Bookchins »soziale Ökologie« bedeutet das: Die Zerstörung der natürlichen Lebensgrundlagen des Menschen aufzuhalten, kann nur mit dem Aufbau einer anderen Form von Gesellschaftlichkeit einhergehen: »Direkte Demokratie, die Formulierung von Politiken durch direkt-demokratische Volksversammlungen und die Administration dieser Politiken durch Koordinatoren mit einem Mandat, die leicht zurückgerufen werden können, wenn sie es verabsäumen, sich an die Entscheidungen der Bürger der Versammlungen zu halten.« (Bookchin 2006, S48f) Die sich selbst regierenden Räte oder Kommunen sieht Bookchin zusammengeschlossen in einer Konföderation, ko-

15 Einen Einblick in das Verhältnis Bookchin-Öcalan gibt Debbie Bookchin in: https://www.nybooks.com/daily/2018/06/15/how-my-fathers-ideas-helped-the-kurds-create-a-new-democracy/

ordiniert durch die »Versammlung der Versammlungen« oder auch die »Kommune der Kommunen« (Bookchin 2006, S51).

Es ist unschwer zu sehen, dass Öcalan – wie auch immer modifiziert – sein eigenes Konzept des »demokratischen Konföderalismus«, der politischen, ethischen und ökologischen Gesellschaft in Auseinandersetzung mit den Gedanken Bookchins entwickelt.

Demokratische Nation und »neuer Mensch«

Die Institutionen der neuen Demokratie, die Öcalan vorschlägt, müssen nun nicht zwingend auf einem »eigenen« Territorium errichtet werden. Es ist für sie nicht nötig, ein Gebiet von einem bestehenden Nationalstaat abzuspalten. Es ist auch nicht nötig, die Macht im Staat zu übernehmen, bevor man sich daran macht, sie aufzubauen. Und: die jeweils konkrete Ausgestaltung der Institutionen ist ebenfalls nicht das Wesentliche.

Worum es bei ihnen geht, ist vielmehr eine Selbstermächtigung des Volkes als politisches Subjekt. Das beschreibt Öcalan mit seiner Neuformulierung des Konzepts der »Nation« als »demokratischer Nation«: »Demokratische Nation bedeutet, dass das Volk sich selbst als Nation konstituiert, ohne sich dabei auf Macht und Staat zu stützen, also eine Nationwerdung, die durch die dafür nötige Politisierung erfolgt. Es geht um den Nachweis, dass es möglich ist, sich durch autonome Institutionen in den Bereichen Selbstverteidigung, Wirtschaft, Recht, Gesellschaft, Diplomatie und Kultur zur Nation zu entwickeln und sich als demokratische Nation zu konstituieren, ohne zum Staat zu werden und ohne die Macht zu ergreifen.« (DemNat, S26)

Die demokratische Nation kann in einem »Kompromiss« mit dem bestehenden Nationalstaat durchgesetzt werden – sofern dieser sich dazu genötigt sieht, der Bevölkerung die Autonomie zu gewähren, sich zu organisieren. Oder sie kann »einseitig« aufgebaut werden, wenn der Staat sich dagegen sträubt. In beiden Fällen ist die umfassende »Selbstverteidigung« der demokratischen Nation wichtig, wobei diese je nach konkreter Situation politischer, diplomatischer oder auch militärischer Art sein kann.

Die für das Entstehen der demokratischen Nation nötige Politisierung ist der Prozess der Entwicklung und Vermassung einer neuen Ethik des Zusammenlebens. Dieser wiederum muss von jenem Punkt ausgehen, an den uns die etatistische, patriarchale, kapitalistische Zivilisation gebracht hat. Öcalan ist nicht der Auffassung, dass wir *zunächst* eine sozialistische Bewegung aufbauen, die *dann* die Macht im Staat übernimmt, und *dann erst* beginnt, den »neuen Menschen« zu erschaffen. Umgekehrt meint er, wenn wir es nicht schaffen, im Prozess des Aufbaus einer demokratischen Gesellschaft von unten die Einstellungen, Sozialisierung, Wertemaßstäbe und Prinzipien ihrer Protagonisten zu ändern, kann es keinen Sozialismus geben. »Die wahren Gründe« des Scheiterns des historischen Sozialismus liegen »in der Tatsache, dass die Linke mit einer Persönlichkeitsstruktur gegen den Kapitalismus kämpfte, die auf dem Boden der kapitalistischen Verhältnisse gewachsen war, gegen diese Persönlichkeit aber nicht ankämpfte.« (GE2, S373)

Dieses Motiv seines Denkens geht bis weit vor den sogenannten Paradigmenwechsel zurück. Bereits in seiner 1995 erschienenen Schrift »Wie leben?« schreibt er über die »veralteten Verhaltensweisen und Gefühle«, die der Kolonialismus dem Volk andauernd von Neuem im Rahmen eines »Spezialkrieges« aufzwinge. Die Werte und Prinzipien, die alten Bedürfnisse – ob in Familie, Sport oder Kultur – gelte es zu überwinden: »Wir werden auf jeden Fall die soziale Erziehung aufbauen. Unsere Revolution gelangt von der ideologischen, politischen und militärischen Ebene immer mehr auf die soziale Ebene. Dies verändert das Leben vieler, was zu einer großen Beeindruckung und zu Reaktionen führt. Das hier ist ein Aufstand gegen die alte Gesellschaftsordnung. Gegen die vom Feind entwickelte Welt der Sozialisation, Beziehungen, Gefühle und Triebe. Wir versuchen dieses Welt zu zerstören.«[16]

Die demokratische Nationwerdung richtet sich gegen all jene hegemonialen Ideologien, die die kapitalistische Zivilisation in den Köpfen der Menschen verankert hat. Gegen den kapitalistischen Liberalismus stellt sie eine Kollektivwerdung, die Individualität nicht beschränkt, wohl aber den gesellschaftsfeindlichen Egoismus

16 Zitiert nach: https://www.nadir.org/nadir/periodika/kurdistan_report/9786/11.html

und Individualismus, in dem der Einzelne glaubt, größtmögliche Freiheit nur in Abgrenzung zum oder gar gegen das Kollektiv zu erlangen. Egoismus, Individualismus und Liberalismus müssen im Prozess des Aufbaus der demokratischen Nation zurückgedrängt werden. Sowohl dadurch, dass ihnen die materielle Basis durch den Aufbau neuer politischer wie ökonomischer Institutionen entzogen wird, wie auch durch Bildung auf Grundlage einer neuen Ethik.

Ähnlich verhält es sich mit der patriarchalen Sozialisierung und den entsprechenden Rollenbildern von »Frau« und »Mann«. Öcalan fordert, »den dritten großen sexuellen Umbruch zu verwirklichen« (RdF, S57). Anders als die vorherigen beiden, die zur Marginalisierung und Unterdrückung der Frau führten, diesmal aber gegen die Dominanz des Mannes. Dieser Umbruch ist nicht nur ein Beitrag zur Befreiung der Frau, sondern der gesamten Gesellschaft – denn ähnlich, wie eine Nation, die andere Nationen unterdrückt, nicht frei sein kann, kann auch der unterdrückende Mann nicht frei werden. »Obwohl männliche Dominanz gut institutionalisiert ist, sind auch die Männer versklavt. Tatsächlich reproduziert sich das System im männlichen und weiblichen Individuum und in ihrer Beziehung. Wenn wir das System besiegen wollen, brauchen wir deshalb eine radikale und neue Herangehensweise an Frau, Mann und ihre Beziehung.« (ebd., S53)

Die Überwindung der Rollenmodelle von Mann, Frau und deren Beziehung besteht aus zwei einander ergänzenden Prozessen: Frauen erschaffen sich durch ihre Selbstorganisation, die Entdeckung ihrer Geschichte und ihrer Stärke neu; und Männer müssen »die Männlichkeit töten«, also ihren verobjektivierenden Zugriff auf die Frau, ihre internalisierten patriarchalen Eigenschaften auslöschen. Die patriarchale Männlichkeit macht die Frau zum Objekt – egal ob als »Eigentum« im Rahmen klassischer Familienmodelle oder im Rahmen der konsumistischen Verwertung von Sexualität als Ware.

Das betrifft zum einen die Art und Weise der »Liebe«, die der Mann der Frau als Ehegatte, Liebhaber, Bruder oder Vater entgegenbringt und die Öcalan als vergegenständlichende Besitzergreifung verwirft; zum anderen darüber hinaus auch das Überwinden von dominanten, machthungrigen, egoistischen, pro-staatlichen Mentalitäten überhaupt. Wegen des engen Zusammenhangs der Entstehung des Patriarchats mit der Entstehung der etatistischen Zivilisation gilt für Öcalan sogar: »In der Tat ist es das Grundprinzip des Sozialismus, den dominanten Mann zu töten.« (RdF, S55)

Auch jene Männer, die nicht an den Schalthebeln der Macht – also an den Spitzen der Staaten, Armeen, kapitalistischen Konzerne – sitzen, verhalten sich in Beziehung auf die Frau als Despoten: »Besonders in den unterdrückten Gesellschaften oder denjenigen, die einer Diktatur unterworfen sind, gibt es einen großen Zusammenhang zwischen der männlichen Herrschaft mit der Geschlechtsherrschaft über die Frau. Das ist in unserer Realität besonders ausgeprägt. Der Mann in unserer Gesellschaft kompensiert seine ganze Erniedrigung und Machtlosigkeit mit seiner Machtausübung über die Frau. Da ist seine Männlichkeit.« Die mit patriarchaler Männlichkeit assoziierten Eigenschaften machen den Mann im Übrigen aber nicht nur anfällig dafür, Despot, Mörder oder Herrscher zu werden. Sie öffnen auch Tür und Tor für seine Instrumentalisierung durch den Staat: »Ein klassischer Mann beispielsweise kann aufgrund des Klassischseins zum Superesel werden. Alle können auf ihm reiten, er wird sich nie beschweren.« (MT, S37ff)

Die Männer sind allerdings in dieser Beziehung der eher träge Part – schließlich befinden sie sich am privilegierten Pol des patriarchalen Unterdrückungsverhältnisses. Und obgleich das Patriarchat letztlich auch dem Mann schadet, verhält er sich doch konservativ. Die eigentliche Dynamik geht von der Frauenrevolution aus. Das Gegenstück zum »Töten der Männlichkeit« ist das »Wiederbeleben der Frau«. Auch die Eigenschaften der Frau sind durch das patriarchale Unterdrückungsverhältnis geprägt. Unsicherheit, Abhängigkeit, mangelndes Vertrauen in die eigene Kraft, Hilflosigkeit müssen überwunden werden. Die »patriarchale Gesellschaft hat die Stimmbänder der Frau zerschnitten«, schreibt Öcalan[17].

Wie bei den patriarchalen Eigenschaften des Mannes machen auch die aus dem Patriarchat stammenden Eigenschaften der Frau sie anfällig für die Vereinnahmung durch das System: » Die gefährlichsten Frauen sind jene, die sinnlos und elendig vor sich herleben.

17 Zitiert nach: Xwebûn 05/2019, S.7ff (online hier: https://www.rojaciwan.eu/wp-content/uploads/2019/10/XWEBUN-GULAN-2019.pdf)

Diese sind wie Agentinnen des Systems. In diesem Sinne müsste man alle Frauen, die sinnlos vor sich herleben zu objektiven Agentinnen des patriarchalen Systems erklären. Diese Frauen sind wie Agentinnen für die herrschende Klasse, für die Kolonialisten und die Kollaborateure. Mit ganzer Kraft müssen wir dieser Art von Frau entgegentreten. Aus einer Frau, die ihrem Leben keine Bedeutung schenkt und mit wertlosen Gefühlen lebt, kann eine noch gefährlichere Agentin werden. Wenn die Frauen nicht ihre Augen öffnen, sich organisieren und kämpfen, wird es gefährlich. Alle unsere Frauen brauchen ein bestimmtes Maß an Willensstärke und eine Option des Widerstands. Ansonsten können sie mehr Schaden zufügen als der Feind.« (ebd.)

Bei der Aufgabe, das Patriarchat zu zerschlagen, bilden die Frauen die Avantgarde. Die Rückgewinnung ihres »Selbstseins« gegen die Objektivierung öffnet auch die Perspektive auf eine andere gesellschaftliche Ethik insgesamt. Die Voraussetzung dieser Wiederaneignung der kommunalen Rolle der Frauen ist ihre eigenständige, autonome Organisierung: »In der letzten Zeit habe ich zu den Frauen gesagt, dass sie sich gegen uns Männer, und mit uns meine ich auch mich, gut organisieren sollen. Denn in unserer Realität betrachte ich die Männer als gefährlich. Noch hat sich der Mann nicht verändert. Er ist nicht in der Lage, gleichberechtigt, frei, respektvoll zu sein und sich, wenn auch nur ein wenig, der Liebe zu nähern.« (ebd.)

Für die Auflösung der patriachalen Frau-Mann-Beziehung verwendet Öcalan die Metapher der »totalen Scheidung« als die »Fähigkeit, sich von der 5.000 Jahre alten Kultur der männlichen Herrschaft zu trennen« (RdF, S56).

Selbstverteidigung der moralisch-politischen Gesellschaft

Öcalan versteht den Aufbau der neuen Gesellschaft – in ausdrücklicher Abgrenzung von jeglichem »social engineering« – als eine Art Freilegung des verschütteten geschichtlichen Stroms der »moralisch-politischen Gesellschaft« – also des seit Urzeiten bestehenden demokratischen und solidarischen Kerns von Gesellschaftlichkeit. »Der Naturzustand der Gesellschaft ohne Kapital- und Machtmonopole ist die moralische und politische Gesellschaft«, schreibt Öcalan (SdF, S208), um zu betonen, dass die Rekonstruktion der Gesellschaft nichts anderes ist, als die Entwicklung der Fähigkeit zur Selbstverteidigung gegen die Monopole.

Die Strategie, die er vorschlägt, ist, nicht die Macht der Monopole zu übernehmen, sondern sie einfach auszutrocknen. Denn die Abhängigkeit beider voneinander ist assymetrisch: »Eine Gesellschaft ohne Kapitalisten, Feudalherren und Herren überhaupt ist möglich, aber Kapitalisten, Feudalherren und Herren im Allgemeinen sind ohne Gesellschaft nicht möglich.« (SdF, S206)

Das politische Projekt ist dementsprechend nicht eine plötzliche Vernichtung des Gegners im Zuge eines einmaligen Kraftakts. Die »sofortige Überwindung« des »mindestens seit fünftausend Jahren bestehenden Zustands« sei »utopisch«; erfolgversprechender dagegen sei es, im Rahmen eines Kampfes der Systeme »von langer Dauer« strategische und taktische Ansätze »zur Erweiterung des freiheitlichen und demokratischen Bereichs der moralischen und politischen Gesellschaft zu entwickeln« (SdF, S196f). So komme es zu einem langfristigen »Einschränken« des Gegners durch den Aufbau eigener Institutionen, Veränderungen der Mentalität und Empowerment der Gesellschaft: »Das Ausschlaggebende ist weder sie« – gemeint sind die Monopole – »zu vernichten noch von ihnen verschlungen zu werden, sondern ihren Bereich und ihre Stärke durch die Überlegenheit der politischen Gesellschaft stets einzuschränken.« (SdF, S197)

Die demokratische Nation ist der Prozess des Zu-Sich-Selbst-Kommens der Gesellschaft, durch den sie sich aus den Fesseln der patriarchalen, etatistischen Klassenzivilisation befreit. Sie soll das werden, was sie »an sich« ist. Weil sich dieser Prozess aber in der alten Welt vollzieht, gleichsam als Geburtsprozess des Neuen aus dem Alten, ist dieses Selbstwerden auch immer Selbstverteidigung.

Die Angriffe durch jene Kräfte, die ökonomische, politische und patriarchale Herrschaft erhalten wollen, vollziehen sich dabei nicht immer und nicht einmal in erster Linie militärisch. Sie sind ideologische Angriffe, die in den staatlichen Schulen und Universitäten stattfinden. Und sie sind tief in die Alltagskultur eingeschrieben: Sport, Kunst, Sexualität, Konsum. Öcalan untersucht die Bindungen, die das System erschafft. Sport etwa – eigentlich ein »Bildungswerkzeug für eine gesunde Gesellschaft – wird durch die Herrschenden »vernationalstaatlicht«; Kultur wird von der Volkskultur entfremdet und von den staatlichen wie privaten Monopolen gegen die Gesellschaft gewandt; Sexualität wird dadurch, »dass die Frau sich als sexuelle Ware betrachtet und der Mann sich zum sexuellen Machtinstrument macht«, zu einem effektiven Instrument im »Krieg gegen die Gesellschaft«. Und die Medien – innerhalb der demokratischen Zivilisation ein »wirkungsvolles Instrument der Demokratisierung« – sind in den Händen der Monopole ein gefährliches Mittel zur Rechtfertigung von Ausbeutung und Unterdrückung. (DKZ, S285)

Gegen diesen auf allen Ebenen ausgetragenen »Spezialkrieg« gegen die Gesellschaft muss sich diese verteidigen. Das kann sie nicht allein durch die Ablehnung der Angebote des Gegners. Sie muss sich eine eigene Grundlage schaffen. Und zwar in allen Bereichen. Am Beispiel des Bildungssystems: »Es reicht nicht, einfach nur die akademische Welt der kapitalistischen Moderne zu kritisieren – wir müssen eine Alternative dazu entwickeln. Diese alternativen akademischen Einheiten sollten nach den Prioritäten und Bedürfnissen aller gesellschaftlichen Bereiche wie Wirtschaft und Technologie, Ökologie und Landwirtschaft, demokratische Politik, Sicherheit und Verteidigung, Kultur, Geschichte, Wissenschaft und Philosophie, Religion und Kunst aufgebaut werden.« (RdF, S65f)

Diesem Konzept der Selbstverteidigung entspricht eine Veränderung in der Strategie der bewaffnet kämpfenden Teile der kurdischen Bewegung. Ihre Aufgabe ist es nicht mehr einen militärischen Sieg gegen den Staat herbeizuführen. Sie sind Selbstverteidigungskräfte – was sich auch in den heutigen Namen der Guerilla- und Milizverbände der kurdischen Bewegung widerspiegelt: Die Guerilla etwa trägt heute den Namen *Hêzên Parastina Gel* (HPG), also Volksverteidigungskräfte – und nicht mehr *Artêşa Rizgariya Gelê Kurdistan* (*ARGK*), *Befreiungsarmee des kurdischen Volkes*; die Einheiten in Rojava heißen *Yekîneyên Parastina Gel* (YPG), Volksverteidigungseinheiten, oder Frauenverteidigungseinheiten, *Yekîneyên Parastina Jin* (YPF).

Öcalan erläutert ihre Rolle gelegentlich mit einem Bild aus der Pflanzenwelt: »Ein Rosenstrauch muss Dornen wachsen lassen, um seine prächtigen Rosenblüten zu verteidigen. Das Leben des freien Menschen zu verteidigen, dessen Kraft des Verstehens eine vielleicht unendliche Schönheit besitzt, bedeutet zu kämpfen.« (ZuW, S157) Die Rolle der Guerilla bei der Herausbildung der demokratischen Nation sieht Öcalan dementsprechend in »Förderung und Schutz der Demokratisierung des Volkes« (JSMG, S499).

Kapitel 5
Die Erneuerung der Kaderpartei

Ein in der Rezeption der aktuellen Entwicklungen der kurdischen Freiheitsbewegung weitgehend ignorierter Aspekt der Theorie Öcalans ist sein Verständnis der revolutionären Partei. Die PKK verstand sich und versteht sich bis heute als revolutionäre Kaderpartei – also als Partei von Berufsrevolutionären, um ein älteres Wort zu gebrauchen.

In einer bemerkenswerten Schrift von 1998, also noch vor seiner Entführung, schreibt Öcalan ausführlich über die Gründe des Scheiterns des sozialistischen Modells. »In den realsozialistischen Ländern war es weder gelungen, eine sozialistische Persönlichkeit noch eine sozialistische Demokratie zu schaffen«, wiederholt er seine zentralen Kritikpunkte am russischen Sozialismus. Die kurdische Bewegung und die Arbeiterpartei Kurdistans seien – weil sie sich anders entwickelt habe, als die gescheiterten Sozialismusversuche – für einen Neuanlauf in Richtung Revolution von besonderer Wichtigkeit. Und unter den eigenen Leistungen hebt er gerade die Art und Weise, wie die Partei organisiert ist, hervor: »Unsere Erfolge hängen vor allem mit der Entwicklung eines neuen Partei- und Führungsmodells zusammen und nicht nur mit unserer militärischen, politischen und diplomatischen Arbeit.«[18]

Die Einschätzung, Partei und Führung seien geradezu im Zentrum der Errungenschaften der kurdischen Bewegung, muss jedem, der sich mit der Entwicklung des Kampfes in Kurdistan empirisch auseinandersetzt, einleuchten. In der Tat wären etwa die Revolution in Rojava oder auch nur das Überleben der kurdischen Bewegung ohne ihr Modell der Kaderpartei kaum vorstellbar. Aber es ergibt sich sofort die Frage: Von welcher Art von Partei reden wir hier eigentlich? Und wie sieht die Führungsrolle aus, die sie einnimmt? Denn auch auf diesem Gebiet hat Öcalan in den 1990er- und begin-

---

18 Auszug aus dem Buch »Sosyalizmde Israr – Insan Olmakta Isrardir« (Auf dem Sozialismus zu beharren bedeutet, auf dem Menschsein zu beharren) – auf Deutsch online: https://www.nadir.org/nadir/periodika/kurdistan_report/9993/09.htm

nenden 2000er-Jahren harte Selbstkritiken verfasst, die zur Leitlinie auch in der Praxis der Arbeiterpartei Kurdistans wurden.

In *Jenseits von Staat, Macht und Gewalt* kritisiert er zunächst an »klassischen« Parteien, dass sie stets – ob »mit revolutionären Methoden oder mit Wahlen« – den Staat erobern wollen. Auch der PKK attestiert er diesen Makel und warnt, dass ein solches Vorgehen geradezu zwangsläufig Auswirkungen auf »Persönlichkeit, Organisation und Arbeitsweise« habe. (JSMG, S436f) Eine Partei in diesem »klassischen« Sinn aber – »als Ausdruck eines Willens, der auf einen Staat ausgerichtet ist« – laufe »dem Sozialismus zuwider, den wir als Ideal von Freiheit und Gleichheit bezeichnen können; sie widerspricht ihm.« (JSMG, S438) Das bedeutet, dass revolutionäre Parteien »ihre Programmatik auf Politik- und Gesellschaftsformen ausrichten« müssen, bei denen »der Staat nicht im Mittelpunkt steht« (JSMG, S441).

Kaderpartei und revolutionäre Führung

Was meint diese Neuausrichtung nun für die Art und Weise, wie eine Partei organisiert ist? Um es vorwegzunehmen: Keine Abkehr vom Kadermodell. Jede Bewegung, die geschichtsmächtig sein will, braucht einen Kaderkern: »Durch die gesamte Geschichte hindurch ist kein parteiähnlicher Zusammenschluss ohne Kader mit fester Überzeugung und Entschlossenheit ausgekommen. Viele Gruppen, die keine Kader besitzen, verschwinden unweigerlich in den Tiefen der Geschichte und geraten in Vergessenheit.« (JSMG, S472) Oder noch kürzer: »Mit dahergelaufenen Amateuren lässt sich das avisierte Gesellschaftssystem nicht errichten.« (GE1, S528)

Öcalan ist nicht der Auffassung, dass sich der Aufbau demokratischer Selbstverwaltung »spontan« oder von selbst vollzieht. Ein »wahrhafter Frieden und eine wirklich demokratische Lösung sind nur mit einer politischen Kraft zu realisieren, die imstande ist, die nötige Macht, Disziplin und Führung zu entfalten.« (GE2, S125) Er zählt eine Reihe von Aufgaben dieser Kraft auf: Sie entfaltet breite gesellschaftspolitische Aktivitäten, entwickelt Bündnisstrategien, organisiert politische Bildung, aber sie schafft auch »konspirative Strukturen« und errichtet effektive militärische Stellungen. (ebd.)

Diese Kraft kann ohne Kader nicht entwickelt werden, die im politischen Kampf den Mittelpunkt ihres Lebens sehen. Nun waren in den Rängen der PKK seit ihrer Gründung stets überzeugte Kader, von denen viele bis in den Tod für den Sozialismus kämpften. Und dennoch gab es, gesteht Öcalan ein, spätestens in den 1990er-Jahren Entwicklungen in Richtung »Bandenwesen« (PfM, S18), Despotismus von Kommandanten, Disziplinlosigkeit und interne Machtkämpfe. Er bringt diese Fehlentwicklungen in eine Beziehung mit dem »alten« Revolutionsmodell der Machtübernahme im Staat. Aus Öcalans Sicht auf den Sozialismus – und seiner Kritik an Versuchen, ihn über die »Abkürzung« der Diktatur des Proletariats zu erreichen – wird deutlich, worin das systematische Problem besteht: Kader, die zum einen keine sozialistische Persönlichkeitsentwicklung durchgemacht haben, zum anderen als vorrangigstes Ziel die (militärische) Machtübernahme sehen, werden in ihrer Praxis alles diesem Zweck unterordnen und dabei Mittel anwenden, die sich letztlich als nicht nur unwirksam, sondern sogar schädlich für den Demokratisierungsprozess der Gesellschaft erweisen. Solche Kader entwickeln ein Avantgarde-Verständnis, in dem sie sich über der Gesellschaft stehend sehen, und das sie zur Not mit Gewalt gegen die Gesellschaft durchsetzen.

Demgegenüber müssen die Kader vielmehr eine dienende Rolle gegenüber den Prozessen der Demokratisierung der Gesellschaft einnehmen. Die leitende Rolle, die Kader einnehmen, muss sich dabei nicht durch das durchsetzen, was sie sagen, sondern durch eine gelebte Vorbildrolle: »Nicht das, was die PKK propagierte, sollte Sympathien hervorrufen, sondern das, was sie vorlebte.« (GE2, S100) Dementsprechend sind Kader »diejenigen Militanten, die die Mentalität und programmatischen Grundlagen der Partei am besten verinnerlichen und begeistert versuchen, sie in die Praxis umzusetzen.« (JSMG, S472) Die »Kaderwerdung erfordert nicht nur Begeisterung bei einem Menschen, sondern auch eine theoretische Voraussicht, eine tiefe Loyalität zum Programm und eine Leidenschaft für die Errichtung des Bauwerkes, welches die Partei ist.« (ebd., S472) Die Kader haben kein persönliches Eigentum und »keinem ihrer Mitglieder werden persönliche Vorteile oder Karriere versprochen« (GE2, S100). Man kann sagen, die wichtigste

Aufgabe des Kaders ist, sich im Aufbau der radikal-demokratischen Gesellschaft selbst überflüssig zu machen, indem die Gesellschaft Schritt für Schritt lernt, sich selbst zu leiten.

Die Beziehung von Kadern untereinander ist durch Rehevaltî, Genossenschaftlichkeit, bestimmt: »Die genossenschaftliche Beziehung sollte von allen Arten von Beziehung, Denken, Reden und Handeln ferngehalten werden, die davon abhalten, Wahrheitssuchende zu sein und diese Identität zu repräsentieren: Geld, Hab und Gut, ein Dasein als Ehefrau oder Ehemann, Begeisterung für Konsumgüter, Streben nach Gelüsten und Macht, Tollkühnheit und Ängstlichkeit.«[19]

Die für die gesamte Gesellschaft angestrebte Entwicklung einer sozialistischen Persönlichkeit soll der Kader vorwegnehmen und vorleben. Dieser Schwerpunkt auf Persönlichkeitsbildung in der Kaderentwicklung stellt eine in der PKK seit vielen Jahrzehnten praktizierte Besonderheit dar. Bereits der III. Parteikongresses 1986 legte fest: »Das, was wir heute hier analysieren, ist nicht der jetzige Moment, sondern die Geschichte. Und wir analysieren nicht den einzelnen Menschen, sondern die Klasse, die Gesellschaft.«[20] In den persönlichen Mängeln der Kader sollten durch Kritik und Selbstkritik jene Verhaltensweisen überwunden werden, die aus Kapitalismus und Feudalismus herrühren. Diese "Schaffung freier Militanter" bezeichnet Öcalan als "das schwierigste Unterfangen und die größte Herausforderung" (GE2, S356).

Der Begriff wird zunächst einmal auffallen: Was soll »frei« sein an Militanten, die rund um die Uhr an die Parteidisziplin gebunden sind? Und ist nicht überhaupt eine »Kaderpartei« das genaue Gegenteil von Freiheit?

Kader sind dem Regelwerk der Partei unterworfen. Gleichwohl sind sie »freie Militante«, denn die Entscheidung, zur Erreichung des von ihnen gewählten Zweckes der Partei beizutreten, ist in je-

19 Auszug auf Deutsch aus: »Die Kurdenfrage und die Lösung der Demokratischen Nation« – türkisch: ›Kürt Sorunu ve Demokratik Ulus Çözümü‹ Ronahî Nr. 42, S88. Siehe: https://www.yxkonline.org/images/dokumente/ronahi/ronah%C3%AE%2042.pdf (neu übersetzt)

20 Zitiert: https://www.nadir.org/nadir/initiativ/isku/hintergrund/Licht/IV-1-4.htm Dazu: https://www.nadir.org/nadir/initiativ/isku/hintergrund/Licht/IV-6-7.htm

dem Fall ihre freie Entscheidung – auch wenn sie die Befriedigung bestimmter Bedürfnisse einschränkt. Die Willensbestimmung erfolgt aus eigener Einsicht in die Notwendigkeit: Wenn gilt, dass der Sozialismus ohne Kaderpartei nicht zu haben und eine Person sich die Errichtung des Sozialismus zum eigenen Zweck gesetzt hat, bedeutet das Erreichen dieses Zweckes die Aufgabe anderer, untergeordneter Bedürfnisse und Interessen. Die Unterordnung unter das Kollektiv wird hier zur eigentlichen Freiheit, im Unterschied zum Getriebenwerden von den eigenen egoistischen und individualistischen Bedürfnissen.

Ist das aber nicht wiederum elitär und schließt all jene aus dem politischen Prozess aus, die zu diesem Schritt nicht bereit sind? Die Kaderpartei ist nicht das Ein und Alles der Bewegung, sondern ein – wenn auch notwendiges – Element in einem Netzwerk von Institutionen, das unterschiedlichste Weisen der Partizipation ermöglicht. *Kadro* als Berufsrevolutionär*in ist, wer ein bürgerliches Leben zurückgelassen hat und sich nur noch dem Kampf widmet; aber in lokalen Institutionen tätige Aktivist*innen haben dagegen Familie, gehen einem Beruf nach, andere wiederum übernehmen gelegentlich Aufgaben, bringen sich in konkreten Tätigkeitsfeldern ein. Und so weiter bis zur Sympathisant*in, die vielleicht einmal im Monat an politischer Arbeit teilnimmt. Die Abstufung ist keine Abstufung der Wertschätzung oder des Verdienstes, sondern eine pragmatische Einteilung nach jeweiligen Partizipationsmöglichkeiten und dem jeweiligen Willen zu politischer Arbeit.

Wird eine Kaderpartei aber nicht ihrerseits wieder zu einer Kraft, die die Gesellschaft unterdrückt? Diese Gefahr besteht in jeder Revolution, die Frage ist, welche Vorkehrungen eine Bewegung dagegen trifft. Dabei sind es zwei Momente, die in den Mittelpunkt rücken. Zum einen die in der Programmatik festgelegte Abkehr von Staatlichkeit als Zweck, die Öcalan für einen der Gründe auch der Fehlentwicklungen der Kader hält. Damit rückt der Aufbau demokratisch-konföderalistischer Strukturen in der Gesellschaft in den Mittelpunkt der Arbeit der Bewegung. Und diese Strukturen sind es, die der eigentliche Zweck sind, nicht die Partei selbst. In ihr soll die Bevölkerung Entscheidungen treffen, nicht die Kader. Deren Aufgabe ist allein das Empowerment für diesen Prozess, in dessen Verlauf sie sich überflüssig machen. Man kann sagen: Die vollständig organisierte und politisch wie wirtschaftlich sich selbst verwaltende Bevölkerung ist das Ende der Kaderpartei, an dem sie ihre Aufgabe erfüllt hat.

Neben der Programmatik braucht es Mechanismen zur Einhaltung dieser Prinzipien durch die stetige Persönlichkeitsentwicklung innerhalb der Partei im Rahmen von Kritik und Selbstkritik. Da auch die Kader*innen aus der patriarchalen, kapitalistischen, staatlichen Gesellschaft kommen, bringen auch sie selbstredend Bewusstseinsformen mit, die durch den kollektiven Prozess in der Bewegung und also auch der Partei reguliert werden müssen. Disziplin gegenüber der Parteilinie ist hierbei allerdings keine Beschneidung von Freiheit – es sei denn, man versteht unter »Freiheit« so bleiben zu dürfen, wie einen die Klassengesellschaft sozialisiert hat.

Die Kaderpartei ist eine notwendige Bedingung des revolutionären Prozesses, aber keine ausreichende. Nicht die Partei macht die Revolution, sondern das Volk – die Frauen, die unterdrückten Völker, die ausgebeuteten Klassen – als revolutionäres Subjekt. »Kein Frieden und keine demokratische Lösung wären machbar ohne die dafür notwendige Unterstützung des Volkes und seiner politischen Führung.« (GE2, S125) Und dementsprechend soll die Partei auch nicht »herrschen« – sie ist kein Ausschuss zur Vorwegnahme einer künftigen Regierung. Die Aufgabe der Kaderpartei ist die Selbstermächtigung des Volkes und die Organisierung der politischen Bewegung sowie ihrer Selbstverteidigung auf allen Ebenen.

Strategie und Taktik

Die Wirklichkeit der kapitalistischen Zivilisation, die sich in einem »ständigen Krieg nach innen und außen« befindet (ZuW, S35), ist permanent in der Krise und im Chaos. Das bedeutet zum einen immense Verwerfungen in der gesellschaftlichen Realität, Not und Leid. Zum anderen aber ist Chaos auch immer schöpferisches Chaos – denn in ihm kann sich das Neue herausbilden. Die Momente, die Öcalan »Quantenmomente« oder »Chaosintervalle« (ZuW, S126) nennt, eröffnen einen Möglichkeitsraum, in den organisierte sozialistische Kräfte eingreifen können: »Während struktureller Krisen und in Chaosintervallen können demokratische, ökologische, libertäre und egalitäre (im Sinne von Gerechtigkeit) Bewegungen mit kleinen und wirkungsvollen Eröffnungszügen in kurzer Zeit etwas aufbauen, das langfristig die Zukunft bestimmen wird.« (ZuW, S89) Um etwas verändern zu können, braucht man allerdings ein klares Programm und muss wissen, wie es umgesetzt werden kann.

Die philosophisch-politische Theorie einer Partei oder Bewegung ist zunächst »nur« die »klare Sichtweise« (GE1, S447). Ohne ein theoretisches Fundament gibt es keine Partei. Die weltanschauliche Haltung, die moralischen Prinzipien und die angestrebten Ziele werden Inhalt der Programmatik der Partei. Das Programm »destilliert« aus der Theorie deutlich erkennbare Ziele. Die Strategie ist dann die »Kunst der Entscheidung für einen der vielen Wege, die zum Ziel zu führen scheinen« (GE1, S447). Diese Kunst ist für den revolutionären Aufbau entscheidend, denn von den zahlreichen Wegen, die sich auftun, führen viele in Sackgassen. Und in manchen dieser Sackgassen wird man einfach füsiliert. Die richtige Strategie zu finden, ist also eine überlebenswichtige Aufgabe der »Organisationsleitung, die all die irreführenden Wege auszumachen vermag und, falls nötig, Ziele revidieren kann, die sich nicht realistisch erreichen lassen« (ebd.).

Organisationen, denen es an einer solchen strategischen Leitung mangelt, enden in »Tragödien« und »Misserfolgen«. Die strategische Leitung muss bestimmen können, welche gesellschaftlichen Kräfte tonangebend sind, welche Bündnisse – auch temporäre – zu schließen sind. Sie muss einschätzen, ob die Ziele »im Marsch, im Spurt oder im Marathonlauf« zu erreichen sind (GE1, S448). Wie der als strategischer Weg ausgemachte zu beschreiten ist, ist Sache der »Taktik«. Hierein fallen Entscheidungen, die stark von der jeweils konkreten Situation abhängen: »Fragen wie nach Gewalt oder Gewaltlosigkeit, Angriff oder Verteidigung, ob wenig oder viel Kraft aufgewandt, schnell oder langsam vorgegangen wird, fallen in den Bereich der taktischen Leitung.« (GE1, S449)

Während die philosophisch-politische Linie der Ort größter Prinzipientreue ist, ist der Bereich der Taktik jener der größten Flexibilität. Wer »verschiedene Organisations- und Aktionsformen nicht nach Bedarf miteinander auszuwechseln versteht und neue nicht mit angemessenem Tempo rechtzeitig entwickeln kann«, hat keine »zuverlässige taktische Führung« (ebd.). An der Geschichte der PKK erörtert Öcalan, was passiert, wenn diese verschiedenen Ebenen nicht berücksichtigt werden. Viele Revolutionäre in den 1990ern kannten die »Kunst des Kompromisses« nicht: Entweder »für einen Widerstand bis zum Tod einzutreten oder sich zu unterwerfen« – dazwischen kannten sie keine Grautöne (GE2, 188).

Für einen erfolgreichen Kampf ist dagegen ein austariertes Verhältnis zwischen den fundamentalen Prinzipien einer Organisation und der variablen Taktik je nach objektiven Herausforderungen nötig. Die notwendige Vermittlung von weltanschaulicher Linie, ausformulierter Programmatik, langfristiger Strategie und sich ständig verändernder Taktik kann weder durch Dogmatismus an dem einen Pol, noch durch Beliebigkeit am anderen umgangen werden.

Internationalismus

Die kurdische Freiheitsbewegung und die PKK sind in Öcalans Verständnis keine isolierte Kraft, sondern notwendig internationalistisch. Das liegt zum einen in der Region begründet, in der sie Politik macht, dem Nahen Osten. Eine Lösung einzig für die kurdische Bevölkerung ist nicht möglich. Schon Ende der 1990er-Jahre schreibt Öcalan: »Wir, die PKK, werden unsere Kraft dafür einsetzen, dass wir mehr eine Partei der Gesellschaft, des Humanismus, der Menschlichkeit und des Internationalismus werden als der nationalen Befreiung.«[21] Letztlich sei die Wiederbelebung des Sozialismus, in der die PKK eine wichtige Rolle spielt, keine Angelegenheit einer bestimmten Volksgruppe, sondern der gesamten Menschheit: »Nur auf den ersten Blick ist die Revolution in Kurdistan national; im Kern ist sie eine Revolution der Menschheit. Ihr Ergebnis wird keine nationale Republik sein, sondern sie ist eine Revolution für eine Menschheitsrepublik. Wir wollen keine neuen Grenzen schaffen.«

---

21 Auszug aus dem Buch »Sosyalizmde Israr – Insan Olmakta Isrardir« (Auf dem Sozialismus zu beharren bedeutet, auf dem Menschsein zu beharren) – auf Deutsch online: https://www.nadir.org/nadir/periodika/kurdistan_report/9993/09.htm

Das neue Paradigma als rätedemokratischer Zusammenschluss aller Gemeinschaften und Bevölkerungsschichten ist gar nicht anders als »internationalistisch« umsetzbar, selbst wenn wir zunächst nur über die Geografie der mehrheitlich kurdischen Gebiete auf den Territorien des Irak, Iran, der Türkei und Syriens sprechen: »Der Demokratische Konföderalismus des Mittleren Ostens ist die grundlegende Form, in der sie alle, die arabischen, türkischen, kurdischen, armenischen, griechischen und jüdischen Gesellschaften, die iranischen und kaukasischen Gesellschaften, die Ethnien, alle Religionen und Konfessionen sowie alle Gemeinschaften, die nicht in den Genuss der aus Europa stammenden Demokratie und Menschenrechte gekommen sind, ihre eigene Heiligkeit, ein freies Leben und den materiellen Nutzen aus beidem erlangen werden.« (ZuW, S38) »Patriotismus« – kurdisch: *welatparezî* – bedeutet in diesem Kontext das genaue Gegenteil des »falschen Nationalismus der Herrschenden«, nämlich den Kampf für die »gemeinsame Heimat der Völker auf Grundlage von Freiheit und Gleichheit« (GE2, S 26).

Diese regional-internationalistische Ausrichtung reicht aber noch nicht. Auch der Nahe Osten kann nicht für sich isoliert betrachtet werden. Der neue demokratische Zivilisationsstrang muss global herausgebildet werden, als »supranationale Plattform der lokalen Demokratien«, die zu einem »globalen Demokratiekongress (...), der nicht auf Staaten fixiert ist«, wird: »Die Parole der Zukunft lautet dann vielleicht »Demokratisches Kurdistan, Demokratische Mittelostföderation, Globaler Demokratiekongress« (JSMG, S470).

Kapitel 6
Wiedergeburt aus der Krise: Kurdistan und der Nahe Osten

Nun haben wir auf Dutzenden Seiten ein wenig vom Gesamtwerk des Gründers und Vorsitzenden der Arbeiterpartei Kurdistans kennengelernt. Und es fiel kaum je das Wort »Kurdistan«.

Das hat seine Berechtigung, denn Abdullah Öcalan schreibt durchaus mit einem universalistischen Anspruch. Seine Überlegungen sind auf die Fortentwicklung demokratisch-sozialistischer Politik insgesamt gerichtet – und insofern nicht auf die Geografie beschränkt, in der er oder seine Bewegung aktiv sind. Aber: Er gewinnt viele seiner Thesen in Auseinandersetzung mit jener gesellschaftlichen Realität, die er konkret vor Augen hat; in der er politisch sozialisiert wurde und in die er eingreifen will. Und er vertritt die These, dass die neue Ideologie für die sozialistische Internationale nicht zufällige hier entsteht, sondern dass vom Nahen Osten der Impuls für eine Welle der Demokratisierung ausgehen muss.

Die Region, die man als »Kurdistan« bezeichnen kann, liegt heute auf dem Territorium von vier Nationalstaaten: Türkei, Syrien, Iran und Irak. Dass sie sich also im Herzen einer für die Expansionsbestrebungen diverser imperialistischer Mächte zentralen Region befindet, liegt auf der Hand. Für Öcalan aber hat sie nicht allein deshalb eine über lokale Relevanz hinausgehende Bedeutung. Wie wir gesehen haben, liegt hier – im fruchtbaren Halbmond um das Zagros-Taurus-Gebirge, in den Schwemmebenen Mesopotamiens zwischen Euphrat und Tigris – der Ursprung zweier Zivilisationslinien. Die aus der »kommunal-matrialen« Gesellschaft der neolithischen Dorfrevolution geborene demokratische Traditionslinie entsprang hier genauso wie die etatistische, patriarchale, auf Urbanisierung gegründete Klassengesellschaft.

Dementsprechend blieb der Nahe Osten aus Sicht Öcalans für sehr lange Zeit eine (fast) global geschichtsbestimmende Kraft. Beinahe 15.000 Jahre lang habe er für die Menschheit die »Rolle einer gebärenden Mutter gespielt« (GE1, S492). Auch die graeco-römische Zivilisation, mit der eurozentristische Geschichtsbetrachtungen so gerne die Menschheitsgeschichte beginnen lassen, zehrte von den Errungenschaften Mesopotamiens; Kunst, Wissenschaften, Kultur und Technik, Religion – der Nahe Osten hatte auf allen Gebieten eine Vorreiterrolle inne.

Doch seit ungefähr 1300 u.Z. sieht Öcalan die Region in einer tiefen Krise, die er in drastischen Bildern beschreibt: »Sei über 15 000 Jahre hinweg die Mutter und erschaffe alles, was für die Menschheit vonnöten ist, um dann zu einer hilflosen Untertanin zu werden! Sei das Geburtsland der ersten Göttinnen, um dann wie ein Fetzen Stoff gebraucht und in die Ecke geschmissen zu werden. Bringe alle Götter und großen Männer hervor, um dann von ihnen zertrampelt zu werden! Erschaffe die Handwerke, mit denen alle Menschen gesättigt werden, um dann hungern zu müssen!« (GE1, S492f) Für Öcalan ist der Nahe Osten seit dem Mittelalter zunehmend in eine »Totenstille« gefallen; erdrückend und jede Lebensäußerung erstickend lasten der politische Autoritarismus und der religiöse Dogmatismus auf ihm.

Die Versteinerung lastet bis heute auf dem einst in jeder Hinsicht fruchtbaren Geburtsort der Zivilisationen. »Dogmatismus und Fatalismus wurden zu untrennbaren Teilen des Lebens. Eigenständiges und kreatives Denken befindet sich in einem Dauerschlaf. Die Sätze der Theologie bilden heilige Tabus und müssen bedingungslos geglaubt werden.« (GE1, S491) Schon das osmanische Reich war nur noch Elendsverwaltung einer im Siechtum liegenden Gesellschaft, eine Art »Grabwächterschaft« (GE1, S492).

Um zu verstehen, wie es zu dieser Verknöcherung kam, müssen wir zumindest oberflächlich auf Öcalans umfangreiche Analyse des Islam sehen. Diesem attestiert Öcalan zunächst eine durchaus revolutionäre Stoßrichtung. Der Islam setzt sich anfangs die Überwindung des Tribalismus, der je eigenen Götzen folgenden Stammesgesellschaft, zum Ziel; und – wie alle abrahamitischen Religionen – bedeutet er eine konsequente Abkehr vom Gottkönigtum der Pharaonen oder eines Nimrod. Ein Mensch kann nun nicht mehr Gott sein. Das Auftreten des Islam auf der arabischen Halbinsel reagiert zum einen auf wichtige Veränderungen an der gesellschaftlichen Basis – das Ende der Sklavenhaltergesellschaft und die Herausbildung des Feudalismus. Und zugleich spiegelt es den Konflikt zwischen »der zivilisierenden Rolle des Handels«, der sich intensivierte, und dem »primitiven und reaktionären Eifer der Stämme« (GE1, S262) wider.

Öcalan führt die Herausbildung des Islam zum einen auf aus der materiellen Basis entspringende Notwendigkeiten zurück: Die strategische Lage der arabischen Gebiete an den Rändern der damals dominanten Großreiche (das byzantinische Ostrom, das Sassaniden-Reich und das aksunitische Reich in Äthiopien und Jemen) drängte auf die Vereinigung der zersplitterten Stämme unter dem Dach einer gemeinsamen Ideologie; ältere monotheistische Traditionen, die seit 2000 v.u.Z. dem Gottesbegriff »El« folgten, waren ohnehin in der Gesellschaft vorhanden; und die überkommene Götzenreligion hatte – wie die Sklavenhaltergesellschaft insgesamt – nicht nur ihre Kraft eingebüßt, sondern war zu einer extrem frauenverachtenden Mentalität geworden. Die reale gesellschaftliche Entwicklung war dem politischen Konservativismus der Stämme bereits entflohen; die Stammestotems im Pantheon der Kaaba waren nur noch leblose Erinnerungen an vergangene Zeiten.

Vor diesem Hintergrund legt Öcalan eine äußerst interessante Interpretation des Propheten Mohammed und seines Umfelds vor. Die Prophetenfrau Hatice (Chadidscha) symbolisiert das Aufbegehren der Frauen gegen die patriarchale Stammesgesellschaft Mekkas; sie, die älter als Mohammed war, reich und »stark genug, um eine Handelskarawane zu besitzen« (GE1, S283), macht Mohammeds Prophetenwerdung eigentlich erst möglich. Mohammeds Cousin Ali, der zweite nach Hatice, der Mohammeds Berufung anerkennt, steht für die Revolte gegen die Stammesbande; und Zayd ibn Haritha, der Hatice als Sklave übergeben, von ihr freigelassen und von Mohammed adoptiert wird, verweist auf die Stoßrichtung gegen die Sklavenhaltergesellschaft. »In diesem Trio sind somit drei Revolutionen, wenn auch in primitiver Weise, verwirklicht«, schreibt Öcalan (GE1, S284). Mohammed ist gleichsam der führende Kader dieser »gemeinsamen Kommune« (ebd.), ausgestattet mit einem politischen und militärischen Organisationstalent, wie es in der Geschichte nur wenige Persönlichkeiten haben – »vielleicht Alexander oder Lenin« (GE1, S276).

Ähnlich wie in seiner Analyse des Frühchristentums arbeitet Öcalan zunächst den revolutionären Gehalt des neu auftretenden Islam heraus. Und ebenfalls ähnlich wie beim Frühchristentum sieht er auch beim Islam bald einen Verfall dieser ursprünglich demokratischen und progressiven Tendenz, ein Abgleiten in eine Institutionalisierung im Dienste von Staat, Macht, Ausbeutung und Unterdrückung eintreten. So schnell der Islam sich ausbreitet, so rasch vollzieht sich eine innere Konterrevolution: die Umayyaden-Dynastie reißt die Macht an sich und institutionalisiert sie während der Damaszener Kalifate. Was »hier geschah, war eine Restitution des Tribalismus und Dynastismus«, der den »repressiven und ausbeuterischen Charakter der alten Gesellschaft weitgehend gestärkt« hat, bemerkt Öcalan. Die weitere Entwicklung des offiziellen Islam führt zu Autoritarismus, Dogmatismus und Erstarrung. Vom ursprünglichen Islam bleibt kaum mehr als ein »formeller Islamismus« (GE1, S301). Diese Machtergreifung bleibt nicht ohne Widerstand. Ausgehend von der Prophetenfamilie selbst sowie an den Rändern des Islam entwickeln sich zahllose populäre Gegenbewegungen: Schiitentum, Alevitentum, Charidschiten und viele mehr. Aber auch ihnen gelingt keine Verallgemeinerung ihres Anliegens und sie verharren in Sektierertum – was zugleich die allgemeine Stagnation des ideologischen Denkens in der Region vorantreibt.

Trotz der fast unmittelbar nach Mohammeds Aufbruch beginnenden »Konterrevolution« im Islam entwickelt er sich zur ideologischen Identität des aufstrebenden Feudalismus. Er erlebt seine Hochphase vom 7. bis ins 10. Jahrhundert, ab dem 12. Jahrhundert stürzt er »vollends in die Katastrophe« (GE1, S320). Ähnlich wie das Christentum in Europa begleitet er den Aufstieg des Feudalismus. Aber anders als den konservativen christlichen Eliten gelingt es den konservativen, sunnitisch-islamischen Eliten, den Weg einer Erneuerung gewaltsam zu versperren.

Während in Europa Reformation, Renaissance, später Aufklärung neue Wege eröffnen, vollzieht sich in islamischen Gesellschaften »genau der umgekehrte Prozess« (GE1, S319). Vernunft wird zu einer Bedrohung der Religion, eine »Epoche des Bigottismus« beginnt, die Öcalan als »Hauptursache für den Verlust (der) glorreichen Geschichte« des Mittleren Ostens sieht (ebd.). Es beginnt eine äußerlich zwar sehr ereignisreiche Historie, aber letztlich gebiert das blutige Hin-und-Her der Konfessions- und Machtkriege nichts Neues mehr. Die konterrevolutionäre Institutionalisierung des Islam und der Würgegriff, in den die Theologie das Denken nahm, mögen wichtige Punkte sein, aber Öcalan betont auch: »Es wäre allerdings falsch, diese Phase der Geschichte des Mittleren Ostens monokausal auf den Islam alleine zurückzuführen. Wir müssen uns um tiefer liegende Ursachen kümmern: Je tiefer eine Kultur bzw. Zivilisationsform an einem Ort verwurzelt ist, desto schwieriger wird es für eine neue, aus dem Antagonismus dort aufzukeimen« (GE, S322).

Und wie wir gesehen haben, gibt es kein Gebiet, in dem die beiden Zivilisationsstränge – die patriarchale, etatistische Klassenzivilisation, von der die unter islamischen Vorzeichen entwickelte Feudalgesellschaft nur eine Phase ist, und die demokratisch-kommunale, die in den Rebellionen weiterlebt – länger existieren würde. Im Guten wie im Schlechten erweisen sich die sozialen wie kulturellen Traditionen im Nahen Osten als äußerst persistent. Sie sind es, die die Dynamik einer eigenständigen Erneuerung erschweren; und sie sind es, die dafür sorgen, dass die kapitalistische Moderne hier nur als von »außen« aufgezwungener, kaum in der Tiefe verankerter Fremdkörper existiert. »Kein Kulturraum hat so wie der Mittlere Osten der kapitalistischen Moderne widerstanden. Wer immer sonst Widerstand geleistet hat, wurde absorbiert und in die herrschende Moderne integriert. Dies allein zeigt hinreichend, wie dauerhaft kulturelle Strukturen in Geschichte und Gesellschaft wirken.« (ZuW, S85) Die kapitalistische Moderne mag es vermocht haben, einigen Kollaborateuren aus der herrschenden Klasse als Modell zu dienen, als gesellschaftliches Projekt formiert hat sie sich aber nie: »Sie steht da wie eine ausländische Agentur.« (GE1, S495) Nicht nur die kapitalistischen Entwicklungsmodelle, auch die gelegentlichen »realsozialistischen« Versuche blieben der Gesellschaft bloß »übergestülpt«.

Öcalan will zeigen: Alle kolonialistischen Versuche, die Region von außen umzugestalten, prallen an der Jahrtausende alten Kulturtradition ab. Die aus Europa oder den USA kommenden »Modernisierer« zerschellen an ihrem eigenen Unvermögen, diese Region auch nur zu verstehen, geschweige denn ihre gesellschaftlichen Dynamiken formen zu können. Eine Assimilation gegenüber westlichen Modellen, jede importierte »Demokratisierung« ist hier zum Scheitern verurteilt. Die Mutter aller Zivilisation, der Nahe Osten, ist zwar »zur Greisin geworden« und wir können nicht wissen, ob sie sich in ihr Grab zurückzog oder nur schläft. Aber wenn aus ihr »eine bunte und lebendige Zivilisation neu geboren wird«, dann nur aus einer »Renaissance im Einklang mit ihrer Vergangenheit« (GE1, S324).

Die kurdische Zwickmühle

Die Kurd*innen gehören zu diesem Nahen Osten seit Beginn der dortigen schriftlichen Aufzeichnungen – und länger. Öcalan führt den Begriff auf das sumerische *kur* zurück, das »Berg« bedeutet. Die *kurti* sind dann die Bewohner*innen der Berge. Und er sieht die antiken Völker der Hurriter und Meder als direkte Vorläufer der Kurd*innen.

Die Kurd*innen durchlebten die Zivilisationsentwicklungen im Nahen Osten, und wie in der Region insgesamt leben in ihnen die Sedimente dieser langen Geschichte fort. Weil sie sich immer wieder den Angriffen größerer Imperien ausgesetzt sahen, entwickeln sie sich zu einem Volk, das den Widerstand und den Schutz der Berge im Krieg bis heute verinnerlicht hat. Positive wie negative Elemente dieses Erbes existieren weiter: z.B. religiöse Bigotterie und Zersplitterung in Clans auf der einen, gesellschaftlicher Zusammenhalt oder das (in Teilen) Fortbestehen des Glaubens an die Muttergöttin Ištar auf der anderen Seite.

Mit dem Aufkommen des imperialistischen Kolonialismus im 19. Jahrhundert sowie der Entwicklung von Nationalstaaten in der Region verschärft sich die Lage für die Kurd*innen. Die externen

Mächte – zunächst vor allem Großbritannien und Frankreich, später die USA – bedienen sich ihrer zur Durchsetzung ihrer Interessen; die neu entstandenen Nationalstaaten sehen sie als auszulöschende oder zu assimilierende Bedrohung. Das betrifft zwar auch andere Volksgruppen, aber die Kurd*innen wegen ihrer extremen inneren Spaltung am meisten: »Für jegliche Art von kolonialen Intrigen stellen sie die bevorzugte Klientel.« (GE2, S 75) Die Erpressung läuft immer auf eine perfide Weise: Die Kolonialmächte stacheln die Kurd*innen zum Aufstand an, indem sie ihnen suggerieren, sie zu unterstützen, nutzen sie aber nur als Hebel, um ihre Position gegenüber den lokalen Gegnern zu verbessern. Dass die jeweiligen Aufstände legitime Gründe hatten, schreibt Öcalan, tut hier nichts zur Sache: »Entscheidend ist die Frage, zu wessen Ungunsten sie ausgehen und wer von ihnen am meisten profitiert.« (ebd.) Die Kurd*innen befinden sich in einer Zwickmühle: der »kurdischen Fallgrube« (GE2, S76): Rebellieren sie, werden sie brutal niedergeschlagen; begehren sie nicht auf, wird ihnen mit noch größerer Gewalt begegnet.

Heldentum und Verrat sieht Öcalan als zwei wiederkehrende Elemente kurdischer Widerstandsgeschichte. Das Interesse der kolonialen Mächte an der Ausnutzung der Kurd*innen hat eine Schicht von Kollaborateuren – vor allem aus der kurdischen Oberschicht – hervorgebracht. Diese hat – etwa in Gestalt der heute in der Kurdischen Autonomieregion (KRG) im Nordirak herrschenden und von den USA, Deutschland und der Türkei an der Macht gehaltenen Demokratischen Partei Kurdistans (KDP) – eine »Verquickung von traditionellem Handlangertum mit modernem Kollaborationsgeist« entwickelt, und gibt ein »abschreckendes Beispiel« (GE2,S77)

Die aktuelle Phase der Auseinandersetzung um den Nahen Osten – aktuell meint in diesem Kontext nach dem 11. September 2001 und dem US-geführten Irak-Krieg – sieht Öcalan geprägt einerseits von einer Krise der autoritären Regime in der Region selbst, andererseits vom imperialistischen Greater-Middle-East-Project Washingtons. Den USA geht es dabei nicht mehr in erster Linie um Machtexpansion, sondern um den Versuch seinen Niedergang aufzuhalten oder zu verlangsamen. Das »Imperium des Chaos«

(JSMG, S271) bringt dabei die überkommenen despotischen Regime ins Wanken. Ein Nebeneffekt davon ist, dass sich auch für radikal-demokratische Bewegungen in der Region Chancen öffnen. Die USA, als kapitalistische Hegemonialmacht, schafften durch ihren Angriff auf die despotischen Staaten der Region ein Chaos, in dem auch die gesellschaftliche Basis, »die traditionell stark unterdrückt wird«, aktiviert wird, »denn die globalen kapitalistischen Mächte sehen dies für eine Umstrukturierung für notwendig an« (JSMG, S287). Ist das aber erst geschehen, ist es aber »höchst zweifelhaft, ob es gelingen kann, die einmal erwachten Massen auf diese Wünsche zu beschränken« (ebd.).

Im Chaos konkurrieren zahllose Kräfte. Sich angesichts der Angriffe aus dem Westen auf die Seite jener Machthaber zu stellen, die sich durch korrupte Vetternwirtschaft und Unterdrückung des eigenen Volkes an der Macht halten, lehnt Öcalan ab. Und auf der anderen Seite: Die Impulse zur Demokratisierung können nicht von Kollaborateuren der imperialistischen Intervention ausgehen: »Demokratisch-föderative Strukturen können unter Bedingungen des Chaos-Imperiums nur mit großen Schwierigkeiten funktionieren. (...) Demokratischer Föderalismus bei gleichzeitiger ständiger Abhängigkeit nach außen wäre allerdings eine recht zweifelhafte Angelegenheit.« (JSMG, S276) Wer sich blind der Gnade der USA – oder anderer konkurrierender Global Player – überantwortet, wird untergehen: »Der Imperialismus und Kolonialismus setzt prinzipiell immer auf zwei Seiten, um bessere Erfolge zu erzielen. (...) Wenn gegenseitiges Ausnutzen in einem engen taktischen Spielraum nicht zu einem durch die eigene Kraft bestimmbaren Ergebnis gebracht werden kann, gibt es keine Rettung vor dem zu erwartenden negativen Verlauf.« (GE2, S77) Ein Paradebeispiel für eine kollaborative kurdische Kraft sieht Öcalan in der KDP des Barzani-Clans. Klassenmäßig eine »Fusion der feudalen Stammesfürsten mit kleinbürgerlichen städtischen Intellektuellen« konnte sie es nie »über die Rolle als Marionette der imperialistischen und lokalen Kräfte hinausbringen« (GE2, S161). Kräfte wie diese verbleiben in der »kurdischen Fallgrube« – und opfern die kurdische Sache mal diesem, mal jenem zur Aufrechterhaltung der eigenen Pfründe und Privilegien.

In dem Chaosmoment im Nahen Osten – Öcalan spricht gelegentlich vom »Dritten Weltkrieg« – wirken zahllose Kräfte: Weder die Global Player, noch die regionalen Machthaber des Status quo sind fähig, Lösungen zu formulieren. Aber weder jene Teile der »Opposition«, die nicht mehr als »die Ersatzreifen desselben Despotismus« sind (JSMG, S274), noch die islamistische Reaktion verfügen letztlich über ein politisches Projekt, das Frieden und Stabilität gewährleisten könnte. Es sei »unklar, was der Büchse der Pandora entsteigen wird«, bilanziert Öcalan. Und: »Diese Unklarheit wird durch kreative und befreiende Bemühungen während des Chaosintervalls beseitigt werden.« (JSMG, S 287)

Renaissance und demokratischer Aufbruch

Die Voraussetzung für einen gelingenden Ausweg aus der Misere ist allerdings nichts Geringeres als eine alle Bereiche umfassende Erneuerung des Zusammenlebens im Nahen Osten. Die Region braucht sowohl den Aufbau einer eigenen Ökonomie, politischer Institutionen und eines Systems der Selbstverteidigung verschiedener Gemeinschaften wie auch eine geistige »Renaissance«, wie Öcalan formuliert.

Der Gehalt dieser geistigen »Renaissance« besteht zum einen in der Wiederaneignung der eigenen (demokratischen) Geschichte, bis zurück zur neolithischen Revolution. Sie besteht in der Dechiffrierung dessen, was Staat, Patriarchat und Macht bedeuten – und wie sie zu überwinden seien. Und sie muss all dies auf eine Weise bewerkstelligen, die nicht zu einer Entfremdung von den Völkern der Region führt. Um es am Beispiel des Islam deutlich zu machen: Öcalan hält nichts von zwanghafter Abgrenzung gegenüber Muslimen. Es sei auch gar nicht sinnvoll, sich auf die theologisch geführten Debatten einzulassen, ob es nun den einen Gott gebe oder nicht. Vielmehr sei herauszuarbeiten, welche gesellschaftliche Funktion der Islam in Geschichte und Gegenwart gespielt habe. Das wiederum könne zugleich bedeuten, »den Propheten Mohammed aus den Klauen der historischen und heutigen Dogmatiker zu befreien« (GE1, S276) wie auch aufzudecken, für welche »verfluchten Interessen der islamische Dogmatismus als Maske benutzt wird« (GE1,

S285). Denn: »Niemals in der Geschichte war Religion derart zu einem Degenerationswerkzeug verkommen. Die Gefahr einer Lähmung und Vergiftung des Bewusstseins der gesamten Gesellschaft hat eine neue Spitze erreicht.« (GE, S 515) Allerdings dürfe sich dieser Prozess der Aufklärung nie »gegen die Gläubigen richten«, die ein »wertvoller, noch unverstandener Bestandteil der mittelöstlichen Kultur« sind (GE1, S514).

Die geistige »Renaissance« ist untrennbar mit dem Aufbau eigener, selbstverwalteter Strukturen verbunden. Und umgekehrt brauchen die »Institutionen der demokratischen Zivilisation« zumindest »eine minimale Renaissance, Reformation der Religion(en) und aufklärerische Revolution« (GE, S496).

Der Ausweg aus dem von lokalen Regimen und globalen Mächten geschaffenen Chaos hat die »erste Aufgabe, die Demokratisierung einzuleiten, die von nichtetatistischen, kommunalen und demokratischen Einstellungen der Völker ausgeht, sie weiterzuführen und qualitativ zu verbessern« (JSMG, S289). Diese muss sich abseits der Staatlichkeit vollziehen: »Für die gesellschaftlichen Kräfte, denen es auf die Freiheit ankommt, lautet der Grundauftrag, gegen die Herrschaft zu sein, nicht mit ihr Beziehungen zu führen. Daher müssen sie sich auf Demokratie im Sinne von außerstaatlicher Politik konzentrieren.« (JSMG, S289) Die kommunale Demokratie der Freiheitskräfte wird über längere Zeit koexistieren – entweder mit den vorhandenen Staaten der Region oder mit der »bürgerlich-feudalen Demokratie einer kleinen Gruppe«, die »die USA und ihre Partner aufoktroyieren wollen« (JSMG, S289).

Öcalan entwirft verschiedene Szenarien für eine solche Koexistenz von neuer, konföderaler Demokratie und staatlichen Strukturen. Der Leitfaden dabei ist, möglichst strikte Haltung in Prinzipienfragen mit möglichst großer Flexibilität in Fragen der Taktik zu verbinden: »Prinzipien und Realpolitik werden durcheinandergebracht, gerade so, als ob man keine Realpolitik betreiben dürfe, ohne die eigenen Prinzipien zu verletzen. Oder umgekehrt, als müsse man sich von seinen Prinzipien lossagen, um realistische Politik zu betreiben.« (GE2, S 134)

In diesem Prozess der Wiederbelebung der Zivilisationsmutter Naher Osten spielen die Kurd*innen eine entscheidende Rolle. Als eine der organisiertesten Kräfte – und als Volk ohne Staat – kommt ihnen eine Avantgarderolle zu: »Die Kurden werden sich nicht damit begnügen, ihre eigenen gravierenden Probleme zu lösen, sondern sie werden den Nachbarvölkern ein Beispiel geben, wie in einem demokratischen System die Würde der Geschwisterlichkeit und einer wirklich freien Einheit geteilt werden kann, in Frieden und mit einem Leben in Wohlstand.« (GE2, S135)

Die Renaissance des Nahen Ostens ist gleichwohl keine exklusive Angelegenheit der dortigen Bevölkerung. Öcalan will von ihr weit mehr. Seine Hoffnung ist, dass sie jene unvollendete Revolution zu Ende bringen kann, die von den sozialen und antikolonialen Bewegungen des 20. Jahrhunderts begonnen wurde. Wie wir gesehen haben, war deren Problem nicht, dass sie zu unorganisiert oder schwach gewesen wären, sondern ihre Unfähigkeit, eine eigene zivilisatorische Synthese hinzubekommen. Sie blieben dem etatistischen Hauptstrom der Zivilisation verhaftet, bedienten sich seiner »Waffen« und wurden von ihm vollends assimiliert.

Wer im Nahen Osten einen neuen Zivilisationsstrang eröffnet, ist Öcalan überzeugt, hat »das Recht erlangt, nicht nur für die Region, sondern für die ganze Welt die Offensivkraft eines neuen Vorstoßes zu bilden« (GE1, S500). Der demokratische Sozialismus wird, diesmal ohne die Muttermale der alten, etatistisch-patriarchalen Zivilisation, erneuert. Und die alte Muttergöttin der Zivilisationen, der Nahe Osten, verlässt seinen komatösen Dauerschlaf. Öcalan verbindet mit dieser Vorstellung nicht weniger als die Hoffnung auf eine – Schritt für Schritt sich entwickelnde – Weltrevolution. »So tief der Sturz war, so hoch können wir auch emporklettern. So dicht die Finsternis uns umspinnt, so nah ist die Helligkeit.« (GE1, S518)

Schluss
Keine Blaupause, sondern eine Aufgabe

Im Frühsommer 2017 war ich als Internationalist in der kurdisch-jesidischen Jugendbewegung im jesidischen Siedlungsgebiet rund um das irakische Sengal-Gebirge aktiv. Mit einer Handvoll Jugendkader zogen wir von Haus zu Haus und Zelt zu Zelt, um Jugendliche für den neu zu gründenden Jugendrat zu begeistern. Die Gespräche erschienen mir zum Verzweifeln. Zwar war in der Bevölkerung eine breite Sympathie und Anerkennung für die kurdische Bewegung zu spüren, immerhin waren es Guerillas der PKK und Truppen von YPG und YPJ, die den Genozidversuch des Islamischen Staates zurückgeschlagen hatten. Aber die Verzweiflung war groß. Es muss eine ganz ähnliche Situation gewesen sein, die Abdullah Öcalan und seine engsten Gefährt*innen ganz am Anfang ihrer politischen Arbeit in Kurdistan vorgefunden hatten.

»Das hört sich ja gut an, Demokratie, aber wir müssen hier weg, wir können hier nicht leben, alle wollen uns umbringen«, hörten wir in mehr als einem Haus. Eltern, die sich gerade auch für ihren weiblichen Nachwuchs keine politische Tätigkeit vorstellen konnten, trafen wir häufig. Andere hofften, irgendein Staat, wahlweise der irakische, der des Barzani-Clans oder die europäischen, würden ihnen schon helfen. Eine immense Passivität, Verzweiflung und auch der Mangel jeder Vorstellung einer selbstverwalteten Demokratie machten viele Gespräche zur Tortur.

Ich wechselte nach einigen Monaten in den militärischen Bereich und dann zurück nach Rojava. Am Ende des Jahres aber verschlug es mich zurück in den Sengal. Wie anders war da schon die Situation!

Kaum ein halbes Jahr später hatten sich viele Jugendliche in die Rätestrukturen integriert, die Stimmung in der Gesellschaft war deutlich besser und erste Familien begannen in den Sengal zurückzukehren. Wiederum einige Monate später verschlechterte sich die Lage erneut, weil die Türkei wieder begann, Ziele im Sengal zu bombardieren und der Prozess des Neuaufbaus der Gesellschaft wurde einmal mehr zurückgeworfen. Aber er ging weiter. Und weiter. Und weiter. Weil diejenigen, die sich der Freiheitsbewegung verpflichtet fühlen, sich auch von größeren Rückschlägen nicht beeindrucken ließen.

Man muss sich die Geschwindigkeit vorstellen, mit der in den befreiten Gebieten Nordsyriens und im Sengal Veränderungen vor sich gingen, die man noch vor weniger als einem Jahrzehnt für unmöglich gehalten hätte – und das trotz der andauernden Angriffe der imperialistischen Staaten, dschihadistischer Milizen und der lokalen Regime. In nur wenigen Jahren wurde die kurdische Bewegung Vermittlerin unterschiedlichster Gemeinschaften, die noch vor 2014 nicht nur Kurd*innen sondern teilweise auch einander skeptisch bis feindselig gegenüberstanden. Rasanter noch vollzog sich der Wandel in der gesellschaftlichen Rolle der Frauen. Sie traten in den Mittelpunkt sozialer, politischer und militärischer Kämpfe und bestanden auf ihrer Führungsrolle in der Revolution. Kooperativen wurde aufgebaut, lokale Kommunen wuchsen Jahr um Jahr. Kulturstätten und Schulen, Akademien entstanden. Zerstörte Städte wurden in Windeseile wiederaufgebaut, in manchen gründeten sich schon Volksräte und autonome Frauenstrukturen, bevor die Minenräumung abgeschlossen war.

Die Revolution hat eine eigene Zeitrechnung. In ihr vollziehen sich Umbrüche schneller als gewöhnlich und für uns Internationalist*innen, die wir aus Dutzenden Ländern nach Rojava gekommen waren, um zu lernen, war das elektrisierend.

Und neu. Denn die meisten von uns, die aus europäischen anarchistischen, kommunistischen oder Teilbereichsbewegungen kamen, waren es gewohnt, in einem bestimmten Milieu politisch zu arbeiten, einer »Szene« oder im besten Fall einem kleinen Ausschnitt aus der Gesellschaft, der sich für ein bestimmtes Thema interessierte. Und alle von uns waren weit davon entfernt, eine nur in Ansätzen vergleichbare Verankerung in der Bevölkerung unserer Heimatländer auch nur erhoffen zu können, am meisten wir Deutschen. Das einigende Band war, dass wir wussten: Wir alle hatten nichts mehr zu verlieren. Und wenn wir überhaupt etwas gewinnen wollten, mussten wir Altes über Bord werfen und versuchen, hier den Funken eines Feuers wiederzufinden, das zuhause schon erloschen war.

Dieses Gefühl hatten nicht nur wir Zugereiste. Spätestens seit 2014 verfolgten weltweit Millionen Menschen den Aufbau einer neuen demokratischen Gesellschaft mitten in einem der brutalsten Kriege unserer Zeit. Und viele Linke begannen, wo sie nicht ohnehin schon vorher Kontakte zur kurdischen Freiheitsbewegung pflegten, den Blick in den Nahen Osten zu richten. Und so rückten zumindest die praktischen Ergebnisse von Abdullah Öcalans Theorie in den Fokus der Suche einer in die Defensive geratenen Linken nach neuen Wegen.

Ende Juli 2020 schrieb mir ein Genosse aus Minneapolis. Die Black-Lives-Matter-Bewegung war in vollem Gange und mitten in ihnen wurde über die Revolution in Rojava diskutiert. Er schickte ein Plakat, das US-Aktivist*innen angefertigt hatten, eine Zeichnung einer Schwarzen Frau Hand in Hand mit einer Kämpferin der kurdischen Frauenverteidigungseinheiten. Bereits als sich in Seattle im Zuge der Proteste eine »autonome Zone« etablierte, in der die Menschen versuchten, der Polizei den Zutritt zu verweigern und ihre Angelegenheiten selbst in die Hand zu nehmen, war an einer der Barrikaden ein Banner zu sehen, das das Konterfei von Anna Campbell, Kampfname Hêlîn Qereçox, zu sehen, einer in Kurdistan gefallenen britischen Internationalistin.

Das Interesse für die Revolution in Kurdistan und die Ideen Abdullah Öcalans hat sich seit 2014 in vielen Ländern verbreitert: Während der Gelbwestenbewegung in Frankreich bekundeten – wenn auch kleine – Komitees ihre Nähe zum demokratischen Konföderalismus; in Katalonien orientierte sich der linke Teil der Unabhängigkeitsbewegung an dem Konzept kommunaler Selbstverteidigung; in Italien floss die Auseinandersetzung mit dem Konzept in eine der größten sozialen Bewegungen des Landes ein, die gegen die TAV-Hochgeschwindigkeitsbahn; im Baskenland und in Irland, in indigenen Communitys Mexikos, bei der Guerilla in Kolumbien, in der Volksbewegung in Chile finden sich Bezugnahmen. In Deutschland sind es vor allem Gruppen der außerparlamentarischen radikalen Linken, feministische Zusammenschlüsse, aber auch Teile der Umweltbewegung rund um Fridays For Future sowie die antifaschistische und antirassistische Bewegung, die sich positiv auf Rojava beziehen.

Das ist ein Anfang, auch wenn diese Renaissance einer Großen Erzählung, wie die Theorie Öcalans eine ist, noch ein zartes Pflänzchen in der verdorrten Einöde der kapitalistischen Moderne ist. Aber die eigentliche Arbeit steht erst bevor. Denn die Abkürzung, den Weg der kurdischen Bewegung einfach zu kopieren, steht nicht zur Verfügung. Öcalan selbst betont, Anregungen und Ideen liefern zu wollen, keine fertigen Rezepte für die Garküchen anderer sozialer Bewegungen. Seine Aufforderung an uns ist es vielmehr, die eigene revolutionäre Geschichte kritisch aufzugreifen und die eigene Gesellschaft verstehen zu lernen, anstatt sich elitär oder enttäuscht von ihr abzuwenden.

Öcalans Schriften haben das Zeug, für diese notwendige Neuausrichtung: Wenn sie auch keine Blaupause anbieten, so doch eine unschätzbar wertvolle Inspiration – auch da, wo man sie vielleicht nicht teilt und sich durch sie provoziert fühlt. In jedem Fall brechen sie die Erstarrung zwischen nostalgischer Rückschau auf geschlagene Schlachten des 20. Jahrhunderts und postmoderner Orientierungslosigkeit des 21. Jahrhunderts auf.

Das forschende und oft dasselbe Thema aus verschiedenen Blickwinkeln angehende Denken Öcalans ist dabei eines, das direkt den Bezug auf die revolutionäre Praxis erfordert. Man kann es für rein akademische Debatten zwar gebrauchen, aber wirklich entfaltet es sich, wenn man es im Abgleich zum eigenen politischen Handeln liest.

Die Schriften Öcalans sind eine direkte Aufforderungen zur hoffnungsvollen Tat und zur stetigen Auseinandersetzung mit der Gesellschaft. Wenn es eines in der kurdischen Revolutionsgeschichte der letzten vier Jahrzehnte zuhauf gibt, dann sind es die Anekdoten von Gesprächen, die Guerillas mit der Bevölkerung geführt haben. Man kann ohne Übertreibung behaupten, dass es sehr wenige Türen in Kurdistan gibt, an die nicht irgendwann einmal ein*e kurdische*r Revolutionär*in klopfte, um Einlass bat und dann stundenlang über Politik diskutierte. In ihnen wirkte jene »Begeisterung«, von der Mustafa Karasu, ein langjähriger Wegbegleiter Öcalans, in einem Videobeitrag für die 3. Konferenz *Die kapitalistische Moderne herausfordern* 2017 in Hamburg sprach: »In dieser Hinsicht muss die demokratische Moderne als wirkliche Alternative zur kapitalistischen Moderne eine entsprechende Bedeutung gewinnen und moralisch-politische Werte schaffen, um die Menschen zu mobilisieren. Das ist mit trockener Theorie und Ideologie nicht möglich. Es geht nicht dadurch, dass man nur gegen Kapitalismus ist oder eine solche Gesellschaft schaffen will. Die Menschheit, die Gesellschaft muss Begeisterung verspüren. Das wiederum funktioniert nur damit, dass moralisch-politische Werte gelebt werden.« (Network III, S167)

Diese Begeisterung kennen alle, die einmal mit kurdischen Genoss*innen unterwegs waren. Sie ist alltägliche Begleiterin der mühsamen, gefährlichen Arbeit. Ich erinnere mich an eine kleine Anekdote, die mir eine Genossin erzählte. 2017 kam eine Internationalistin in die Berge Kurdistans, die sich aus Sympathie für die Fraueneinheiten nach Kurdistan begeben hatte, aber die Bewegung kaum noch kannte. In dem Zelt der Guerilla hing ein Bild Öcalans. Die Internationalistin fragte: »Wer ist denn dieser Mann?« Niemand rümpfte die Nase. Niemand zeigte auch nur die kleinste Verwirrung darüber, wie man den Vordenker nicht kennen konnte. Aber sofort liefen alle zusammen, brachten Tee, setzten sich zu der Internationalistin und freuten sich über die Gelegenheit, stundenlang Geschichten über Öcalan und seine Ideen erzählen zu können.

Die respektvolle Geduld, die Begeisterung für die Revolution und die Liebe zur Gesellschaft, die sich in Millionen dieser Gespräche ausdrückt, die über die Jahrzehnte von den Anhänger*innen Öcalans geführt wurden, ist, was wir aus Öcalans Werken und Wirken lernen können.

Literatur

Primärquellen

Öcalan, Abdullah: »Jenseits von Staat, Macht und Gewalt«, Mezopotamien Verlags GmbH, Neuss 2018 (zitiert als: JSMG)

Öcalan, Abdullah: »Manifest der demokratischen Zivilisation. Bd.1: Zivilisation und Wahrheit – Maskierte Götter und verhüllte Könige«, Unrast Verlag, Münster 2019 (zitiert als: ZuW)

Öcalan, Abdullah: »Manifest der demokratischen Zivilisation. Bd.2: Die kapitalistische Zivilisation – Unmaskierte Götter und nackte Könige«, Unrast Verlag, Münster 2018 (zitiert als: DKZ)

Öcalan, Abdullah: »Manifest der demokratischen Zivilisation. Bd. 3: Soziologie der Freiheit«, Unrast Verlag, Münster 2020 (zitiert als: SdF)

Öcalan, Abdullah: »Gilgameschs Erben Bd. I. Vom sumerischen Priesterstaat zur demokratischen Zivilisation«, Unrast Verlag, Münster 2018 (zitiert als: GE1)

Öcalan, Abdullah: »Gilgameschs Erben Bd. II. Vom sumerischen Priesterstaat zur demokratischen Zivilisation«, Unrast Verlag, Münster 2018 (zitiert als: GE2)

Öcalan, Abdullah: »Die Revolution der Frau«, Internationale Initiative Edition, Neuss 2014 (zitiert als: RdF)

Öcalan, Abdullah: »Demokratische Nation«, Internationale Initiative Edition, Neuss 2018 (zitiert als: DemNat)

Öcalan, Abdullah: »Demokratischer Konföderalismus«, Internationale Initiative Edition, Neuss 2012 (zitiert als: DemKonf)

Öcalan, Abdullah: »›Die Männlichkeit töten‹ ist ein Prinzip des Sozialismus«; in: Kurdistan Report Nr. 92 (zitiert als: MT)

Öcalan, Abdullah: »Plädoyer für den freien Menschen«, Mezopotamien Verlag, Neuss 2005 (zitiert als: PfM)

Weitere Literatur

Braudel, Fernand: »Sozialgeschichte des 15. – 18. Jahrhunderts« (3 Bände), Kindler München 1986 (zitiert als Braudel I – III)

Braudel, Fernand: Schriften zur Geschichte 1, Klett-Cotta Stuttgart 1992

Bookchin, Murray: »Remaking Society«, Black Rose Books, Boston 1990

Bookchin, Murray: »Social Ecology and Communalism«, AK-Press, Oakland 2006

Bookchin, Murray: Die nächste Revolution. Libertärer Kommunalismus und die Zukunft der Linken; hrsg. von Debbie Bookchin und Blair Taylor, 2. Aufl. Unrast Verlag, Münster 2020

Brauns, Nick / Kiechle, Brigitte: »PKK: Perspektiven des kurdischen Freiheitskampfes: Zwischen Selbstbestimmung, EU und Islam«, Schmetterling Verlag, Stuttgart 2010

Flach, Anja; Ayboğa, Ercan; Knapp, Michael: »Revolution in Rojava – Frauenbefreiung und Kommunalismus zwischen Krieg und Embargo«, VSA Verlag, Hamburg 2018

Internationale Initiative (Hrsg.): »Das freie Leben aufbauen. Dialoge mit Abdullah Öcalan«, Unrast Verlag, Münster 2019

Network for an alternative Quest (Hrsg.): »Die kapitalistische Moderne herausfordern. Alternative Konzepte und der kurdische Aufbruch«, Pahl-Rugenstein, Bonn 2012 (zitiert als: Network I)

Network for an alternative Quest (Hrsg.): »Die kapitalistische Moderne herausfordern II. Kapitalistische Moderne sezieren - Demokratischen Konföderalismus aufbauen«, Pahl-Rugenstein, Bonn 2015

Network for an Alternative Quest (Hrsg.): »Die kapitalistische Moderne herausfordern III. Demokratische Moderne entfalten – Widerstand, Rebellion, Aufbau des Neuen«, Unrast Verlag, Münster 2020 (zitiert als: Network III)

Foucault, Michel: Dits et Ecrits. Schriften, Bd. 2, Suhrkamp Frankfurt am Main 2002

Frank, Andre Gunder; Gills, Barry K. (Hrsg.): »The World System. Five hundred years or five thousand«, Routledge, London 1993

Kollontai, Alexandra: Die Situation der Frau in der gesellschaftlichen Entwicklung, Verlag Neue Kritik, Frankfurt am Main 1977 (hier zitiert nach: Sozialistische Klassiker 2.0, https://sites.google.com/site/sozialistischeklassiker2punkt0/alexandra-kollontai)

Kropotkin, Pjotr: Der Staat und seine historische Rolle, Unrast Verlag, Münster 2008.

Lerner, Gerda: »The Creation of Patriarchy«, Oxford University Press 1986

Marx, Karl; Engels, Friedrich: Werke. Dietz Verlag, Berlin 1975 (zitiert als: MEW)

Scott, James C.: »Die Mühlen der Zivilisation«, Suhrkamp, Frankfurt am Main 2019

Şehîd Bager: »Texte«, Broschüre 2019 (zitiert als: Bager)

Wallerstein, Immanuel: »Welt-System-Theorie. Eine Einführung«, Springer VS, Wiesbaden 2018

Wenn du leben willst, dann lebe in Freiheit

von Abdullah Öcalan

In Namo Aziz' Buch, »Kurdistan und die Probleme um Öcalan«, (Edition Gallas, 1999) ist ein einzigartig persönlicher autobiografischer Beitrag Abdullah Öcalans veröffentlicht, den er kurz vor seiner Verschleppung für das Buch des Journalisten verfasst hatte.
Eine von Monika Morres bearbeitete und gekürzte Fassung aus dem Kurdistan-Report bildet die Grundlage für die hier im Folgenden wiedergegebene – erneut leicht gekürzte – Fassung.

Die Freiheit wächst in der Kindheit

Für mich war es als Kind das Schönste, mit anderen gemeinsam zu spielen. Allein zu spielen, war kein Spiel. Es reizte mich, Ideen und Fantasie in das Spiel zu bringen. Manche unserer Nachbarn haben ihre Kinder zu Soldaten und Staatsbeamten erzogen. Als Kind ist es mir nicht gelungen, sie zu gewinnen. Aber ich lebe in der Gewissheit, es irgendwann zu können. Eines Tages werde ich in das Dorf zurückkehren, werde ihnen mit meinen Freunden auflauern und sie mit einem lauten »Kommt!« auf dem Platz unseres Dorfes versammeln.

Unser Dorf heißt Ömerli. Es liegt im Kreis Halfeti in der Provinz Urfa. Einst war hier eine frühe Universität entstanden und die Stadt war im Besitz großer Reichtümer. Zu unserer Zeit schien sie jedoch wie verdorrt. In der Hitze der Monate Juli und August platzte die Haut der Erde auf und legte aderähnliche Spalten und Risse bloß. Alles dürstete nach Wasser.

Meine Mutter war die erste, die mich lehrte, mich zu wehren. Ich war noch ein kleines Kind. Ständig rauften und schlugen wir uns. Einmal hatte mir jemand eine Platzwunde am Kopf zugefügt. Als ich nach Hause kam, schimpfte meine Mutter sehr. Sie sagte, sie würde mich erst dann ins Haus lassen, wenn ich mich gerächt hätte. Sie hatte überhaupt kein Mitleid, jedenfalls zeigte sie keines. Ob ich ihr Sohn war oder nicht, ob ich die Kraft für Rache hatte oder nicht, spielte keine Rolle. Diese Haltung meiner Mutter hat mich sehr geprägt. Und die Geschichte meiner Aktion gegen Cimo und Miho, die Steine nach mir geworfen hatten, wurde für mich genauso wichtig wie der erste Aufstand gegen die unmenschliche Regierung.

Weil Cimo und Miho mich verletzt hatten, überlegte ich, wie ich mich wehren konnte, auch wenn es mir schwer fiel. Ich war überzeugt, dass meine Familie mich nicht mehr akzeptieren würde, wenn ich nichts gegen meine Peiniger unternahm. Es war absolut unausweichlich: Wenn ich passiv blieb, würde ich nicht mehr lange leben. Was fiel mir nun in diesem Kindesalter ein? Welche Tat schien mir geeignet? Ich verbarg mich oberhalb des Tals und wartete auf Cimo. Schließlich sah ich ihn kommen. Mein Hemd hatte ich mit Steinen gefüllt. Ich fing an, größere Steine in Cimos Richtung den Berg hinabzurollen. Cimo war kein leichter Gegner; vielmehr war er es gewohnt, mich spielend zu überwältigen. Durch die Wucht der herabrollenden Steine gelang es mir aber, Cimo in die Flucht zu schlagen. Ermutigt nahm ich die Verfolgung auf. Cimo lief vom Abhang bis zu seinem Haus, in dem er sich verängstigt einschloss. Für mich war meine Tat ein riesiger Erfolg, denn er war ein viel streitsüchtigerer Typ als ich. Bis zu diesem Tag hatte er mich eingeschüchtert, ja regelrecht tyrannisiert. Durch meine überlegte Aktion aber hatte ich mich meines Peinigers entledigt. Ich war sehr stolz darauf, da sie ganz auf Eigeninitiative beruhte. Mit Miho wurde ich dann auf dieselbe Art und Weise fertig.

Wenn ich heute an diese Aktionen denke, dann stelle ich fest, dass ich bei allen späteren – bei denen es um weit mehr ging als ein wenig Jungenstolz – ähnlich vorgegangen bin, dass ich also schon früh im Leben eine eigene Methode entwickelt hatte: Es gibt immer einen Plan, Geheimhaltung und Initiative.

So erzog ich mich im Alter von sieben Jahren selbst. Im alltäglichen Überlebenskampf waren Gewandtheit und Disziplin meine Stärken. Ich hatte mich streng unter Kontrolle. Auch im Kampf gegen Schlangen, Wölfe und Vögel war Disziplin notwendig, denn ich hätte leicht gebissen werden können. In den Bergen kannte ich mich aus, ich kannte jeden Felsspalt. Ich versuchte, Herr über mein Leben zu bleiben.

Ömer, mein Vater, war ein merkwürdiger Mann. Er war der ärmste Mann im Dorf und deshalb unbedeutend. Er war sehr schwach und unbeholfen, dafür aber ausgesprochen gläubig und fromm. Er hatte Prinzipien und bekannte sich zu verschiedenen Werten. Es wäre undankbar und ungerecht, wenn ich sagen würde, er hätte gar keinen Einfluss auf mich gehabt. Er war prinzipientreu, aber sehr schwach. Und er kannte seine Schwächen. Väter sind für ihre Kinder Vorbilder und auch mein Vater war Vorbild für mich. Aber er war nicht in der Lage, andere zu führen. Und so hing es wohl auch mit der Unzulänglichkeit meines Vaters zusammen, dass ich mich bereits früh mit dem Thema Führung auseinandersetzte.

Er setzte große Hoffnungen in mich und hatte Vertrauen zu mir. Meist nährte und bestätigte ich diese Hoffnungen. Trotzdem lehnte ich mich oft gegen ihn auf, war also alles andere als ein vorbildlicher und folgsamer Sohn. Das heißt nun nicht, dass ich keinem Ratschlag zugänglich war, immer nur an Unfug dachte und ausschließlich rebellierte. Ich lehnte nur bestimmte Traditionen, mit denen ich nicht einverstanden war, ab und setzte mich über viele Gepflogenheiten hinweg. Ich passte mich nicht an, ich befand mich ständig in einem Prozess des Widerstandes, wobei ich gute Arbeit leistete und sehr vorsichtig war. Ich war nicht besonders kompromissbereit.

Zur Zeit der Einschulung befand ich mich einmal in einem kleinen Hain aus Nuss- und Olivenbäumen. Es war fast Herbst, und die Bäume trugen reichlich Früchte. Damals konnte ich mir unter einem Lehrer nur jemanden vorstellen, der mich in irgendeiner Form zurechtbiegen wollte. Ich ging noch nicht in die Volksschule und wusste gar nichts. Ich konnte kein Wort Türkisch. Wenn man in die Volksschule kam, wurden einem als Erstes der Vor- und Familienname beigebracht. Mein erster Lehrer stammte aus Çorum. Er hieß Mehmet Maydanbaşı. Ich kann mich heute noch daran erinnern, wie ich zum ersten Mal an die schwarze Tafel ging. Der Lehrer hatte mich aufgerufen und gesagt: »Schreibe deinen Vor- und Familiennamen.« Das war für mich eine der wichtigsten Prüfungen meines Lebens. Die Buchstaben kannte ich, ich hatte sie mir eingeprägt. Mein Vor- und Zuname sind ziemlich lang, aber ich brachte die Buchstaben alle in die richtige Reihenfolge und als ich fertig war, bekam ich eine gute Note. Ich ging zurück zu meiner Bank mit dem Gefühl, eine schwierige Prüfung bestanden zu haben. Ich war der beste Schüler meines Lehrers! Seit damals bin ich Lehrern gegenüber immer respektvoll gewesen. Und in der Schule blieb ich ehrgeizig, immer wollte ich der Beste sein. Die erste Schulzeit war jedoch sehr schwer für mich. Ich hatte Sprachschwierigkeiten und Probleme mit dem Auswendiglernen. Zuhause in der Familie hatte ich nie wirklich Ruhe, und das Dorf war voller Konflikte. Jetzt kamen auch noch die Schulprobleme hinzu. Bereits in diesem jungen Alter können einem die Probleme über den Kopf wachsen. Die Realität ist beunruhigend und erbarmungslos. Ich fühlte mich jedenfalls schutzlos ausgeliefert. Eine Familie, die um das Wohl eines Kindes besorgt ist, bereitet es auch auf die Schulzeit vor und sorgt dafür, dass es langsam und stressfrei in sein neues Leben hineinwächst. Das gibt einem Kind Sicherheit. Ich hatte keinerlei Sicherheit. Vielleicht war das auch ein Vorteil, denn bereits in dem Alter lernte ich dadurch, auf mich selbst zu vertrauen.

Du wirst ein Heiliger sein und fliegen

In der Volksschule war ich ein guter Imam (Vorbeter). Ich hatte mich eine Zeit lang intensiv mit der Religion befasst und verrichtete gewissenhaft meine Gebete. Schließlich erhielt ich die Position eines Dorf-Imams. Ich war für eine kleine Gruppe von etwa fünfzehn Schülern verantwortlich, die ich morgens zur Schule brachte. Ich versuchte mit großem Ernst, sie zu erziehen. Ich habe sie die Gebete verrichten lassen. Wenn es regnete, entstanden Pfützen. In denen ließ ich die mir Anvertrauten rituelle Waschungen vornehmen. Sie reihten sich sofort hinter mir auf und verrichteten dann die Gebete. Wichtig war, dass ich die Aufgabe als Imam freiwillig übernommen hatte. Es war eine zentrale Etappe meiner Entwicklung. Imam zu werden ist eine Aufgabe, die ein Kind nur schwer übernehmen kann. Ich versuchte, meiner Schülergruppe auch die Schule schmackhaft zu machen. Ich gab ihnen Nachhilfe beim ABC. Ich glaube, meine Mutter hielt diese freiwillige und unentgeltliche Arbeit für eine Dummheit. Sie sagte: »Du bist ein Dummkopf. Niemand lässt sich so ausnutzen wie du!« Sie machte mir meine ehrenamtliche Tätigkeit zum Vorwurf und aus ihrer Sicht hatte sie sogar recht. Aber ich strebte nun einmal danach, Menschen zu erziehen.

Als ich in meiner Volksschulzeit zum ersten Mal das Gebet verrichtete, sagte mir der Dorfimam: »Wenn du in diesem Tempo weiter machst, wirst du irgendwann davonfliegen. Du wirst ein Heiliger sein und fliegen.« Eigentlich verstand ich nicht viel vom Beten, aber die Art und Weise, wie ich dieses erste Gebet ausführte und wie ich die Regeln befolgte, hatte den Imam so sehr beeindruckt, dass er diese Anmerkung machte.

Bäuerliche Gottergebenheit und die Gewaltfrage

Ich sah, dass ich in einer Familie mit allen ihren Bindungen groß wurde und deshalb gegen feindliche Familien würde kämpfen müssen. Das gefiel mir nicht und ich nahm heimlich mit den Kindern der verfeindeten Familien Kontakt auf. Diese Freundschaften waren von großer emotionaler, aber auch taktischer und politischer Bedeutung. Sie durchbrachen die feudale Rückständigkeit der Dorfgesellschaft. Ich mochte die Kinder der verfeindeten Familien, sie zogen mich an. Dagegen hielt ich viele meiner Verwandten für wenig interessant. Schon früh lehnte ich also die jahrhundertealten feudalen Beziehungen ab und sehnte mich nach Versöhnung. Erst später wurde mir klar, dass es genau diese Art von Konflikten war, die Kurdistan zerstört hatten.
Die Dinge, die ich nicht akzeptieren konnte, nahmen mit der Zeit an Zahl zu. Dazu gehörte auch die Frage der Gewalt. Was konnte man dagegen tun, wenn man nicht damit einverstanden war? Ich setzte Geduld dagegen, eine gewisse Lebenskunst und Sensibilität für Feindseligkeiten.
Auf der anderen Seite steht die bäuerliche Gottergebenheit und ein absoluter Pazifismus. Die Folge ist eine Schicksalsergebenheit, die dazu führt, dass die Bauern unbeweglich in ihrer Situation verharren. Ich kann mich noch sehr gut erinnern, wie ich das erste Mal den Schuss einer Pistole hörte. Ich hörte, dass hinter der Moschee geschossen wurde, und erschrak zu Tode. Ein Pistolenschuss in unserem Dorf! Wie war es nur dazu gekommen? Ich sah in dieser Form, Konflikte auszutragen, keine Lösung. Als der Mann hinter der Moschee mit der Pistole schoss, dachte ich: »Das ist ein Ungeheuer, wieso schießt er mit einer Pistole? Zu unserem Dorf passt keine Pistole.« Und das war eine realistische Einschätzung. Widersprüche sollten nicht mit Waffengewalt gelöst werden. Diese Meinung vertrete ich heute noch.

Bei unserem Befreiungskampf war es mir immer wichtig, dass ich mich mit seinen Mitteln identifizieren konnte. Sie mussten akzeptabel sein, sonst hätte der Kampf eine unkontrollierbare Dynamik entwickeln können. Zwischen meiner Art, Konflikte anzugehen, und der kurdischen Art bestand ein großer Unterschied.

Ein junger Mann meines Alters war getötet worden. Zwei meiner Freunde hatten aufeinander geschossen. Zum Töten braucht man außergewöhnlichen Mut, aber ich habe trotzdem auf die Tat der beiden mit Empörung reagiert, denn sie hatten nichts erreicht als Zerstörung. Beide starben später. Während sie sich in ihren Streitereien zugrunde richteten, versuche ich, meinen Kampf zu einer großen, gemeinschaftlichen Bewegung zu machen. Kämpfen ist eine Kunst. Ich werde so lange für unser Volk kämpfen, wie mein Leben dauert. Noch nie ist es mir in den Sinn gekommen, das Tempo dieses Kampfes zu drosseln. Ich habe ihn früher geplant und arbeite mit jedem Tag an seiner Fortführung. Früher kämpfte ich innerhalb der Grenzen des Dorfes; heute kämpfe ich auf nationaler und internationaler Ebene. Meinen Methoden bin ich dabei treu geblieben.

Gleichheit und Geschwisterlichkeit

Ich stritt mich viel mit meinen Brüdern und Schwestern. Wir waren sieben Geschwister, das heißt, wir waren eine jener klassischen armen kurdischen Familien mit vielen Kindern. Ich wurde 1948 nach drei Schwestern als viertes Kind geboren. Ich war der älteste Sohn der Familie und hatte deswegen eine besondere Stellung. Unseren vielen Streitereien zum Trotz waren wir einander verbunden. Wir gingen zusammen pflücken. Ich forderte absolute Gleichheit im Tun. »Ihr werdet arbeiten!«, sagte ich. Ich erinnere mich, wie ich eine meiner Schwestern dazu drängte zu arbeiten. Vielleicht war es für sie eine sehr schwierige Situation. Sie sagte: »Du willst dich nur gegen mich durchsetzen.« Das mag tatsächlich so gewesen sein. Überall wollte ich mich durchsetzen, auch in der Familie. Mein Bruder war sehr passiv. Er ließ sich gerne verwöhnen, und das blieb auch später so. Ich glaube, es war sehr wichtig, ihn manchmal zu etwas zu drängen. Er konnte sich nicht einmal selbstständig auf einen Esel setzen. Wir Geschwister hoben ihn auf das Tier und brachten ihn so in die Kreisstadt. Er wurde sehr leicht krank und war dann auf die Hilfe anderer angewiesen. Natürlich missfiel mir seine Abhängigkeit sehr.

Ich spielte auch gerne mit Mädchen. Ein Mädchen, mit dem ich gerne spielte, heiratete später, und es heißt, ich hätte bei ihrer Hochzeit gesagt: »Komm, wir spielen weiter zusammen.« Ich selbst kann mich nicht daran erinnern, aber ich halte es durchaus für möglich, so etwas gesagt zu haben. Ich befand mich tatsächlich in einem großen Widerspruch zum feudalen Leben im Dorf.

In unserer Nachbarschaft hatte ein Mann zum zweiten Male geheiratet, und zwar ein Mädchen in meinem Alter. Für mich war die Ehe damals eine schlechte Sache; dass ein Mädchen in meinem Alter einen solchen unansehnlichen Mann nur wegen des Geldes heiraten musste, war in meinen Augen ein Zeichen von Charakterlosigkeit, wenn nicht sogar ein großes Verbrechen. Wenn ich damals in der Lage dazu gewesen wäre, hätte ich das Mädchen diesem Mann entrissen. Ich war aber dazu nicht stark genug und hatte auch keinerlei Befugnis.

Einmal kamen Leute zu uns, die zwei Tage gereist waren, weil sie um die Hand meiner Schwester anhalten wollten. Dabei hatten sie sie vorher noch nicht einmal gesehen. Für ein paar Säcke Weizen und ein wenig Geld haben sie sie bekommen. Diese Art, mit Menschen umzugehen, verurteile ich heute noch. Ein anderes Mädchen aus unserem Dorf wurde unter Zwang verheiratet, erbarmungslos, unter Verabreichung von Ohrfeigen. Das Mädchen, ein Bauernmädchen übrigens, beugte sich dem Mann nicht, sondern flüchtete vor ihm. Als ich sie das erste Mal traf, bat sie mich, ihr das Lesen und Schreiben beizubringen. Ich muss oft an sie denken und an meine Ohnmacht in jener Situation. Ich konnte ihr nur ein paar Worte sagen, mehr konnte ich zu meinem großen Bedauern nicht für sie tun.

Damals hatte ich keine Macht. Heute räche ich das Mädchen, indem ich versuche, die Gesellschaft zu ändern. Es wäre besser, wenn solche Formen des Zusammenlebens nie existiert hätten. In der Gesellschaft, für die ich kämpfe und die ich herbeisehne, wird es solche Frauen nicht mehr geben. Eine Frau, die an den alten Machtverhältnissen zwischen den Geschlechtern hängt, wird nur verlieren können. Für mich existiert eine Frau heute nur so weit, wie sie frei ist. Eine von ihrem Mann abhängige Frau ist nicht sie selbst. Meiner Meinung nach hat eine Frau dann verloren, wenn sie sich aus eigener Verantwortung in Abhängigkeit begibt, wenn sie sich nicht mit der

Frage ihrer persönlichen Freiheit auseinandersetzt. Die Frau wurde immer idealisiert. Aber ideal kann sie nur in Freiheit sein.

Unter uns Freunden gab es damals auch Mädchen. Ich wagte kaum, ihnen meinen Namen zu sagen, geschweige denn, mit ihnen Liebesbeziehungen anzuknüpfen. Im Dorf wurden Mädchen öfter entführt und das empörte mich. Für mich war es eine fürchterliche Sache, ein Mädchen zu entführen. Unmöglich! Auch die Vorstellung, um die Hand eines Mädchens anzuhalten, bereitete mir Schwierigkeiten. Ich erinnere mich, dass meine Mutter einige Versuche unternommen hatte, mich zu verkuppeln. Ich hatte keine Ahnung davon, und als ich es erfuhr, rief ich: »Wie könnt ihr in meinem Namen um die Hand eines Mädchens anhalten?«

Ein früher Abschied

Da ich meine Familie und ihre Art zu leben nicht akzeptieren konnte, wuchs in mir der Wunsch nach einem Leben in Freiheit, auch wenn man dieses Leben aus heutiger Sicht nicht wirklich als frei bezeichnen kann. Ich wollte mich von den familiären Einflüssen befreien und trotzdem Menschen um mich scharen; dies bedeutete, dass ich die freundschaftlichen Beziehungen meiner Kindheit weiter fort entwickeln musste. Im Dorf hieß es: »Du hast dich von deinen Fesseln befreit.« Aber diese Äußerung war voller Ironie und Häme. Die ganze Kritik des Dorfes konzentrierte sich auf mich. Dabei wurde mein Zorn auf die Dorfgemeinschaft nur heftiger und ich selbst immer rebellischer. Ein Teufelskreis! Den ohnmächtigen Zorn habe ich aber zu einer vernünftigen Rebellion weiterentwickelt. Ich nahm innerlich Abschied. Trotz meines jugendlichen Alters war es ein schwerer Abschied, der mit heftigen Gefühlen verbunden war; manche Rituale saßen sehr tief.

Während dieser Zeit hatte ich einen Streit mit meinem Bruder. Da mein Vater keine Autorität besaß und ich als ältester Sohn gegen ihn rebellierte, war das Zerwürfnis mit den anderen Familienmitgliedern vorprogrammiert. In diesem Zusammenhang ist auch die Auseinandersetzung mit meinem Bruder zu verstehen. Ich versuchte, den Garten möglichst in Ordnung zu halten, denn ich hatte ihn sehr schön gestaltet. Mein Bruder aber wollte diese Ordnung zerstören, er wollte den Garten umstrukturieren, weil er an seine Erbschaft dachte. Ich wehrte mich dagegen, denn ich empfand den Garten als mein Werk, als etwas, das ich selbst geschaffen hatte und das ich mir nicht nehmen lassen wollte. Ich versuchte mit allen Mitteln, ihn aus dem Garten zu jagen und es gelang mir auch. Es war mir sehr wichtig, mir über die Motive für diesen Streit klar zu werden, denn ich habe auch später ähnliche Verhaltensweisen an den Tag gelegt. Das Vertreiben meines Bruders war ein Schlag gegen Verschwendung und Zerstörung. Niemandem gebe ich die Gelegenheit dazu, auch nicht meinem Bruder. Ihn fortzujagen war eine radikale, revolutionäre Handlung und absolut notwendig. Ob Bruder oder nicht: Das Ergebnis menschlicher Arbeit muss respektiert werden! Wenn man seine Interessen in einem Konflikt durchsetzen kann, geht man gestärkt daraus hervor. Man gewinnt eine neue Orientierung und nimmt seine Umgebung nun verändert wahr. Der Streit mit meinem Bruder eskalierte. Mitten im Dorf kam es zu einer heftigen Steinschlacht zwischen mir und ihm. Aber ich musste meine Rechte verteidigen, und wenn der eigene Vater sich in einer solchen Situation gegen einen stellt, setzt man sich auch über die heiligsten Familienbande hinweg. Nachdem ich meinen Bruder verjagt hatte, mischte sich mein Vater in den Streit ein und sagte: »Der Garten gehört mir, für wen hältst du dich denn überhaupt?« Ich hielt ihm seine Ungerechtigkeit vor und sagte: »Warum verteidigst du das Unrecht? Du solltest den Bruder nicht in Schutz nehmen! Wenn du dich aber auf seine Seite stellst, werde ich gegen dich kämpfen müssen!« Die Konsequenz war eine Abnabelung, eine Art zweiter Geburt und: große Einsamkeit.

Im Anschluss an dieses Ereignis versuchte ich, meinem Vater zehn Lira abzutrotzen. Einen wahren Geldschatz! Angenommen, mein Vater wäre ein Staat gewesen, der außer seiner Autorität noch seine Staatskasse zur Verfügung gehabt hätte, so wäre dieser Akt einer revolutionären Vergesellschaftung gleichgekommen.

Normalerweise wäre es einem Kind nicht möglich gewesen, so viel Geld in die Hände zu bekommen. Kein Vater gab seinem Kind zehn Lira. Damals, es war wohl um 1960, war dies ein Geldbetrag, mit dem man sogar nach Ankara hätte fahren können. Das Geld zu entwenden, bedeutete einen Schritt mit ernsthaften Folgen, denn ab diesem

Punkt gab es keine Möglichkeit mehr zur Verständigung. Ich würde in unserem Haus, im ganzen Dorf nicht mehr willkommen sein.

In dieser Lage zog ich den Schluss, dass ich mich zurückziehen und dann zur rechten Zeit am richtigen Ort wieder auftauchen musste. Das war wichtig. Ich zog mich zwar zunächst zurück, gab mein Anliegen aber nicht auf. Während meines offen dargebotenen Rückzugs machte ich heimlich einen Schritt nach vorn, drang in unser Haus ein und nahm das Geld mit.

Bis ans Ende der Welt

Mein Ziel war, die Stadt Nizip zu erreichen, die am weitesten entwickelte Stadt der Region. Meine Entfernung zum Dorf sollte größtmöglich sein. Nizip war der letzte Ort, in den man ging, um etwas zu erreichen. Ich wollte bis an das Ende der Welt gehen, und dort war der Endpunkt der mir bekannten Welt. Sonst hatte ich keinen Ort. Ich kannte unser Dorf und ein paar weitere Dörfer. Indem ich mich von der Dorfgemeinschaft ab- und der Stadtgemeinschaft zuwandte, vollzog ich einen radikalen Bruch. Hierin liegt auch die gesellschaftliche Dimension dieses Schrittes. Ich fühlte mich wie jemand, der ganz allein in einen Krieg gezogen war und sagte mir: »Du musst Freunde finden!« Mir wurde klar, dass eine Organisation absolut notwendig war. Ich musste widerstandsfähige, solidarische Kräfte schaffen. Ich musste Freunde finden, mit denen ich Politik machen konnte, die sich gemeinsam mit mir organisierten. Mein Schritt war der einer revolutionären Persönlichkeit.

Ich bin sicher, dass meine Flucht meinen Vater sehr verwirrte. Ich weiß nicht einmal mehr ganz genau, ob er sich später mit mir versöhnte. Es war jedenfalls kaum vorstellbar, dass ich etwas noch Schlimmeres hätte tun können.

Ich weiß noch genau, welcher Zorn in mir hochstieg und wie ich Tränen der Wut und Verzweiflung weinte, als ich mich umdrehte und ein letztes Mal auf das Dorf blickte, das wie ein Punkt vor meinen Augen verschwamm. Als ich in das erste fremde Dorf kam, zuckte ich schon beim Bellen irgendeines Hundes zusammen aus Furcht, Lärm und Unruhe zu verursachen. Ich musste alles dafür tun, dass man mir nicht ansah, dass ich soeben von zu Hause Reißaus genommen hatte. Wie ein Chamäleon veränderte ich meine Gangart, meinen Gesichtsausdruck , meine Worte; ich nahm die Farbe des Dorfes an. Niemand identifizierte mich als Flüchtenden. Ich wurde zu einem der ihren. Immer wieder dachte ich daran, wie wichtig der Anschein der Normalität ist.

Als ich im zweiten Dorf ankam, war ich innerlich schon etwas ruhiger und nach außen hin voller Gelassenheit. Mit diesem Mut und Selbstbewusstsein würde ich den Weg bis zur lang ersehnten Brücke schaffen, der Brücke, hinter der die Dörfer endeten und die Stadt begann.

Ich versprach mir viel von der Stadt. Anstelle der engen Atmosphäre des Dorfes, in der jeder alles vom anderen wusste, gab es in der Stadt Anonymität, in der ich erleichtert untertauchen konnte. Während ich in ein Auto einstieg, vollzog ich den letzten Schritt meiner Befreiung. Mit genauso ruhiger Fassade wie zuvor, zeigte ich mich als ein vernünftiger kleiner Kerl auf seinem Weg. Ich war zu einer festen Größe in meinem eigenen Plan geworden, an mir lag es jetzt, ob der Plan gelang oder scheiterte. 70 Kilometer konnte ich auf diese Weise zurücklegen, ohne irgend jemandem im Geringsten aufzufallen. Ein großer Erfolg und einzigartiges Erlebnis zugleich.

Klassenkampf in Nizip

Während meines Befreiungsprozesses in jenem Alter arbeitete ich in Nizip und verdiente mir meinen Unterhalt. Es war sehr interessant. Ich verdiente zehn Lira. Damit bewies ich mir, dass ich nicht träge von einer großen Erbschaft lebte, sondern durch eigene Arbeit meinen Unterhalt bestreiten konnte. Als ich danach von Nizip zurück in mein Dorf ging, gab ich meinem Vater die zehn Lira zurück, die ich mir von ihm genommen hatte. Ich konnte und wollte sie meinem Vater nicht schuldig bleiben. Zwei Jahre später begann ich, in Nizip die Mittelschule zu besuchen. Es war nicht einfach. Jeder machte sich lustig über mich. Da ist ja der Junge, der ausgerissen ist! Manchmal fühlte ich mich wie der hilfloseste Schüler der ganzen Schule, aber gleichzeitig war ich der Meinung, der Klügste von allen zu sein. Ich spürte, dass die Lehrerinnen und Lehrer mich schätzten und an meinem Lernfortschritt interessiert waren.

Es waren damals noch viele Jahre erforderlich, bis die Menschen ein neues Bewusstsein erlangt hatten. Manche Kinder kamen aus Offiziersfamilien, manche waren die Söhne reicher Großgrundbesitzer oder anderer angesehener Familien der Stadt. Ich hatte ein besonderes Gefühl ihnen gegenüber. Ich fühlte mich nicht stark. Sie wussten das nur zu genau und ließen es mich durch ihre Herablassung spüren. Ich wollte meine Persönlichkeit nicht verlieren, indem ich wie einer von ihnen wurde. Damit hielt ich zu mir selbst und lehnte sie ab. Auf diese Weise wurde ich zu einer Gefahr für sie, die sie mit ihrem Spott und ihrer Herablassung verringern wollten. Je mehr ich von meinen Mitschülern geschnitten wurde, desto intensiver suchte ich den Kontakt zu meinen Lehrern. In ihnen und den Büchern sah ich den Ausweg aus meiner Einsamkeit. Es dauerte nicht lange, bis ich die Stufen zum Klassenbesten hinaufgeklettert war. Eigentlich war es wie im Bürgerkrieg oder im Klassenkampf. Aus der bäuerlichen Schicht stammend, war es mir gelungen, durch die Aneignung von Wissen Klassenbester zu werden und dadurch die bürgerlichen Schüler zu besiegen. Was ich damals mit so viel Mühe durchsetzte, hat mich bis heute geprägt: der Wunsch, den eigenen Stil, die eigene Persönlichkeit zu leben.

Verpasste Militärkarriere

Als ich den Abschluss der Mittelschule in Nizip gemacht hatte, war es für meine Familie unmöglich, mich auf das Gymnasium zu schicken. Also krempelte ich die Ärmel hoch und lernte, um die Aufnahme in eine Schule mit Internatsmöglichkeit zu bestehen. Dabei hatte ich das Militärgymnasium im Auge. Ich wollte so stark wie die Militärs dort werden. Als Kind war ich fasziniert vom Militärputsch des Jahres 1960. Im Dorf hatte ich Militärspiele entwickelt, Regeln dafür aufgestellt und die anderen Kinder dazu aufgerufen, die Macht zu erobern, um für das Volk – gemeint waren die Armen – einzutreten. Damals war ich dann stets der Hauptkommandeur und hatte die Stärke, die ich brauchte, um meine Träume zu verwirklichen.
Aus welchem Grund auch immer, ich bestand die Aufnahmeprüfung für das Militärgymnasium nicht. Ich ärgerte mich, weil mein Notendurchschnitt der Mittelschule ziemlich gut war. Ich meinte lange Zeit, ich hätte sie eigentlich bestehen müssen, und wollte mich

nicht damit abfinden. Heute weiß ich, dass ich im Falle des Bestehens vielleicht von der kemalistischen Tradition geprägt worden wäre und mich das System geschluckt hätte. Denn gerade die militärischen Internatsschulen sind der vollkommenste Teil des in der kemalistischen Tradition angelegten Systems.

Auch wenn mir der Zutritt zur militärischen Internatsschule verwehrt blieb, schaffte ich es dennoch, in einer anderen Internatsschule aufgenommen zu werden, dem ‚Gymnasium für Grundbuch und Kataster' im Zentrum von Ankara. Ich bekam die Möglichkeit, im Schutz einer staatlichen Schule die bürgerliche Gesellschaft Ankaras zu beobachten.

Als ich im Bus nach Ankara saß, lernte ich einen Lehrer kennen. In der Stadt angekommen, fragte ich ihn, ob er mir helfen könne. Es war die gleiche Situation wie bei meinem ersten Stadtbesuch in Birecik und bemerkenswerterweise hielt ich mich, wie früher am Rockzipfel meiner Mutter, in diesem Moment am Rockzipfel des Lehrers fest. Ankara war zum Berg geworden, der über mir einzustürzen drohte, bestaunt von meinen großen Augen.

Im Grundbuch- und Katastergymnasium gab es für mich nichts anderes als den Unterricht. Ich sagte mir: »Du musst erfolgreich sein, besser sein als die anderen.« Meine Lehrer waren Offiziere von der Militärschule. Sie schätzten mich. In Wahrheit fühlte ich mich wie einer, der keine großen Chancen in der bourgeoisen Gesellschaft hatte. Diese Gefühle unterdrückte ich jedoch. Da sie stark waren, unterdrückte ich viel, zu viel.

Moschee und Antikommunismus

Irgendwann kam der Punkt, da spürte ich die Anziehungskraft der Religion. Sie wurde zum Ventil, um den Druck durch die vielen mir aufgezwungenen bürgerlichen Gesellschaftswerte abzulassen. Es war eine Form von Realität, die ich von meiner Kindheit im Dorf her kannte, und in der ich mich leichter artikulieren konnte. Unser Imam hatte recht mit seiner Vorhersage, dass ich einmal fliegen würde. Irgendwann flog ich. Mein Flug war der Befreiungskampf. Die bürgerliche Gesellschaft war eine Gefahr für mich, und ich versuchte, mich vor ihr zu schützen. Auch mit den Mitteln der Religion.

Nach außen hin wirkte ich eher konservativ. Dabei war alles nur ein Schutz, um den widersprüchlichen Zustand in mir zu verdecken. Ich hielt mich an meine religiösen Gebote und Verbote, achtete mit größter Vorsicht darauf, keines der Verbote zu verletzen – all dies nur, um mich dadurch in strenger Disziplin zu halten und meine eigene Persönlichkeit zu schützen. Damals gelang es mir, das Buch von Sayyid Qutb mit dem Titel »Dieser Glaube der Islam« in die Hände zu bekommen. Darin wird folgender Gedanke beschrieben: »Dies ist, was ich als den vollkommenen Weg bezeichne, und der Weg ist das Leben.« Unter diesem Leitmotiv standen für mich die letzten, unheimlich langen sechs Jahre meiner ganz eigenen Entwicklung, deren Anfänge bis in die Kindheit in meinem Dorf zurückreichten. In dieser Zeit – ich glaube, es war das letzte Schuljahr – zog es mich in die Maltepe-Moschee in Ankara. Sie war gleich in der Nähe unserer Schule, eine schöne Moschee. Mein Weg führte mich in meinen Schülertagen dorthin, genauso wie ich zu Vereinen ging, in denen gemeinsam der Kampf gegen die Kommunisten erklärt wurde, oder zu idealistischen Vereinigungen. Mit keiner konnte ich mich auf Dauer anfreunden.

Eines der vielen Bücher, die ich in jenen Tagen las, war das von Leo Hubermann: »ABC des Sozialismus«. Nach anfänglichem Widerstand während der ersten paar Seiten interessierte es mich mehr und mehr, insbesondere als ich den Satz las: »Religion verliert, Marx gewinnt.« Der Satz wurde zum Auslöser einer inneren Veränderung. Für mich bedeutete er: »Die traditionelle Ideologie verliert, das sozialistische Leben gewinnt.« Es war 1969, als ich zu dieser Wahrheit gekommen war. Ich hatte diesen Satz auch zu mir selbst gesprochen.

Nach Abschluss des Gymnasiums flog ich als Grundbuch- und Katasterbeamter nach Diyarbakır, um dort den einjährigen obligatorischen Staatsdienst abzuleisten. Es war eine einjährige Beamtentätigkeit, die durchaus interessant war. Ein wenig lernte ich über Geld und über Bestechung, hörte Wörter wie »Mein Efendi, mein Herr« und machte mir als Beamter eigene Vorstellungen über die Beziehungen zwischen den Bauern und dem Staat.

Als mir das erste Bestechungsgeld zugesteckt wurde, wehrte sich alles in mir, es anzunehmen. Zu dieser Zeit hatte Kurdistan für mich bei weitem noch nicht den Stellenwert, den es später bekommen sollte. Aber als ich selbst in Dörfern und von Großgrundbesitzern Gelder angeboten bekam, dachte ich bei mir: »Warum soll man das Geld nicht einfach für die Revolution verwenden?« Ich akzeptierte unter dieser Bedingung und dachte an das Geld meines Vaters, das ich für meine Flucht – oder meine Befreiung, wie ich es nannte – verwendet hatte. »Eines Tages wirst du dieses Geld für den Generalaufstand ausgeben«, dachte ich bei mir. Auf diese Weise konnte ich es relativ beruhigt annehmen. Ich sehe es noch deutlich vor mir, wie es war, als ich in den siebziger Jahren die damals enorme Summe von 3.000 bis 4.000 Lira erhielt, das Zwei- bis Dreifache meines Gehaltes.

Die Idee, die Gelder für Kurdistan zu verwenden, kam mir durch die Zwangslage, in die ich durch die Bestechung gebracht worden war. Es war widersinnig, denn gleichzeitig war die Korruption selbst die Ursache für das Zugrundegehen Kurdistans und der ganzen Gesellschaft. Ich wusste nicht genau, welchen Weg ich einschlagen sollte, aber durch diesen Bestechungsfall wurde vieles in mir beschleunigt und ich wurde zu einer Entscheidung gezwungen. Und während ich über die Zukunft des Geldes entschied, entschied ich eigentlich über meine eigene Zukunft. »Denk an Kurdistan! Nur dafür hast du das Geld genommen«, sagte ich mir. Die Entscheidung war gefallen, und so vergrößerte ich die Summe getrost, bis ich bei 10.000 Lira angekommen war. Für mich stand fest, dass ich kein kleiner Beamter des Grundbuch- und Katasteramtes bleiben wollte. Also überlegte ich mir, ob es nicht einen weiterführenden Ausbildungsweg geben würde, durch den ich Aufstiegsmöglichkeiten hätte.

Wissen wollen, wie es funktioniert

Bald stand als Ziel ein Universitätsstudium fest und ich begann mit den Vorarbeiten. Ich bestand die Eignungsprüfungen zur Studentenauswahl für die Universität und erlangte damit das Recht, an der juristischen Fakultät der Universität Istanbul zu studieren, aber ich wollte die Fakultät für politische Wissenschaften der Universität Ankara besuchen. Sie war der Magnet für revolutionär denkende Studenten. Für meine Ziele war das ein wichtiger Schritt vorwärts. Mit dem Studium wollte ich mich nicht zum Bürokraten entwickeln mit großartigen Aufstiegschancen, sondern ich wollte Einblick gewinnen in das politische Klima und die politische Geschichte der Türkei.

Mit der Ankunft in Istanbul begann ein neuer Abschnitt in meinem Leben. Ich trat dem Verein DDKO (Revolutionäre Kulturzentren des Ostens) als aktives Mitglied bei und hielt Vorträge. In einem von ihnen stellte ich die Frage, warum es keinen kurdischen Staat geben sollte. Das war 1970, also vor 28 Jahren. Ein ganzes Jahr blieb ich in Istanbul. Dann nahm ich erneut an den Prüfungen zur Zulassung an der Universität teil, wobei ich nur mein Wunschfach Politikwissenschaft nannte. Ich bestand die Prüfung, kam nach Ankara und freute mich auf das Studium. Das war Ende 1971. Damals beherrschte der Widerstand der Anführer der revolutionären Jugend in der Türkei, Mahir Çayan und Deniz Gezmiş, das Stadtgespräch. Nachdem die Anhänger von Mahir Çayan aus dem Gefängnis geflüchtet waren, dauerte es nicht lange, bis man sie wieder gefangen nahm und verurteilte. Die Hinrichtung von Mahir Çayan und seinen neun Anhängern am 30. März 1972 war wie ein Schock für mich. Mahir Çayan hatte ich 1971 im Konferenzsaal der Universität Istanbul gehört. Während der Veranstaltung hatte Mahir auch über die Kurdistanfrage gesprochen. Ich hatte Sympathie für seine Organisation, die THKP-C-Bewegung (Türkische Volksbefreiungspartei-Front). Als er mit seinen Anhängern am 30. März in Kızıldere ermordet wurde, organisierte ich gemeinsam mit meinem Freund Doğan Fırtına Anfang April 1972 zu ihrem Gedenken die erste Streikaktion an der SFB und führte sie durch.

Organisation nicht ohne die Kraft aus dem kurdischen Volk

Am 7. April wurden wir gemeinsam inhaftiert. Sieben Monate war ich im Militärgefängnis Mamak in Haft. In dieser Zeit wurden Deniz Gezmiş, Yusuf Aslan und Hüseyin İnan vor unseren Augen hingerichtet. Gleichzeitig erlebte ich in diesem Gefängnis die Zerschlagung anderer linker Organisationen durch Militäraktionen. Ich lernte daraus, wie wichtig eine gründliche Planung und ihre konsequente Überarbeitung ist. Bei mir selbst stellte ich fest, dass mein Äußeres wie eine eiserne Maske erstarrt war und ich nichts von den ermordeten Helden preisgab.

Nach ihrem Tod schwor ich mir, das Andenken dieser Revolutionäre niemals mit Füßen zu treten, sie hochleben zu lassen und ihre Gedanken zu verwirklichen. Gleichzeitig schwor ich mir, alles zu tun, um nie wieder als Gefangener dem Feind ausgeliefert zu sein, mich nie wieder so entwürdigend ohrfeigen zu lassen wie im Gefängnis von Mamak und: eine unbesiegbare Organisation zu gründen.
Auf der Suche nach Weggefährten für mein Ziel schaute ich mich eine ganze Weile vergeblich um. Es gab Momente, da wollte ich mit bestehenden Kreisen zusammenarbeiten, bis ich feststellte, dass auch sie an entscheidenden Punkten Zugeständnisse machten. Mir war klar: mein Ziel konnte ich nur mit einer stabilen und andauernden Organisation erreichen. Ebenso klar wurde mir, dass ein Befreiungskampf solange hinken musste, bis der kurdische Fuß geheilt war. Das bedeutete, dass der Kampf für die Befreiung zwar von mir organisiert werden würde, seine Wurzeln, sein Leben und seine Kraft aber dem kurdischen Volk entstammen musste. Für die Realisierung meines Zieles setzte ich alles ein, was mir an Talent, Kraft und Willensstärke zur Verfügung stand.

Gefährlicher Weg mit Kemal Pir und Haki Karer

In Kemal Pir und Haki Karer traf ich schließlich zwei Menschen, die bereit und fähig waren, den schwierigen und gefährlichen Weg mit mir zu gehen. Lange Gespräche zwischen uns schufen eine starke Bindung. Zum einen legte ich meine Ziele offen dar und machte sie damit angreifbar und überprüfbar; zum Anderen nahm ich damit auf die beiden wichtigen Menschen neben mir Einfluss.

Am 1. Mai 1973 führte ich am Staudamm Çubuk in Ankara eine Veranstaltung durch. Eine ganze Reihe von Menschen hatte sich um mich versammelt. Es war der Tag der Arbeit, und die türkische Regierung hatte zur Feier des Frühlingsfestes aufgerufen, wobei jedermann üblicherweise ein Picknick im Freien machte. Auch meine Freunde und ich waren dem Aufruf zum Picknicken gefolgt, ja, der Anlass diente uns dazu, die Veranstaltung zu tarnen: Wir sahen nicht anders aus als die vielen Idealisten beim Picknick, die in Gruppen zusammensaßen.

In diesem Umfeld bildete sich meine erste Gruppe. Von Anfang an beherrschte Vorsicht all mein Tun. Es war wie die Lüftung eines großen Geheimnisses, als ich bei jener Veranstaltung meine Gedanken zur Kurdistanfrage und deren Lösung mitteilte. Im Vergleich zu meinen heutigen Vorstellungen muss ich sagen, dass wir damals ohne ideologischen Unter- oder Überbau sehr pragmatisch dachten. Ich weiß noch, wie atemlos ich war, als ich sagte: »Unser Land Kurdistan ist eine Kolonie. Es ist nötig, unser Land und unser Volk aus der Kralle des Kolonialismus zu befreien, und dafür brauchen wir eine Organisation.« Von da an begannen wir, eine Gruppe zu bilden.

Es fiel uns sehr schwer, unsere kleine Studentenwohnung im Stadtteil Dikmen von Ankara zu verlassen. Aber die Gruppe hielt es für notwendig, in die kurdischen Dörfer zu gehen. Also verließen wir Ankara. Als wir dabei in mein Heimatdorf kamen, begegnete ich meinem Vater. »Mein Sohn«, sagte er, »früher hatten wir gehört, du seiest Kommunist geworden. Jetzt haben wir erfahren, du seiest ein kurdischer Befreiungskämpfer geworden. Wenn du Propaganda für Kurdistan treibst, wirst du großen Schaden erleiden. Die Sache ist tot.« Alles schien gegen uns zu arbeiten. Was war das für ein Volk? Hatte es keine Hoffnung mehr? Keinen Stolz?

Sobald wir in Kurdistan angekommen waren, wurden wir von Anhängern der türkischen Linken angegriffen. Fast die ganze türkische Linke war gegen uns und warf uns Separatismus vor. In Kurdistan, so sagten sie uns, müsse man keine getrennte Revolution entwickeln. Ihren Drohungen folgten unverzüglich Taten. Mehrere Freunde und Sympathisanten wurden von ihnen ermordet. Zu unseren Gegnern zählten auch türkische Nationalisten, Agenten und Spione.

Im März 1977 hielt ich auf einer Versammlung in der Kammer der Architekten und Ingenieure Ankaras einen mehrstündigen Vortrag über »Die Geschichte und die nationale Frage Kurdistans«. Ich wusste, dass ich nur einmal die Chance hatte, eine öffentliche Versammlung ohne Schaden zu überstehen. Mir war klar, dass ich von nun an verfolgt und beobachtet werden würde, und entschied deshalb, von nun an die Arbeit in strikter Geheimhaltung fortzusetzen. Während ich versuchte, in der kurdischen Bevölkerung das Bewusstsein für eine nationale Revolution zu schaffen, bemühte sich die unter dem kemalistischen Einfluss stehende türkische Linke zu beweisen, warum keine gesonderte kurdische Revolution erfolgen könne. Zu meinen engsten Vertrauten zählten die beiden Türken Haki und Kemal. Wir hatten derselben Gruppe innerhalb der türkischen Linken angehört.

Vier Jahre lang fragten sie sich, ob wir eher zur kurdischen oder zur türkischen Linken gehörten. Am Ende wussten sie es immer noch nicht.

Eine politische Ehe und MİT-Pilot Kaya

Dem türkischen Staat war jedes Mittel recht, um uns zu bespitzeln. Immer wieder versuchte er, Agenten in unsere Gruppe einzuschleusen. Unter ihnen war auch Kesire Yıldırım, deren Familie bei der Niederschlagung des Dersim-Aufstandes eine Schlüsselrolle gespielt hatte. Wir wussten davon und machten uns die Familie deswegen nicht weniger zunutze, als es der türkische Sicherheitsdienst getan hatte. »Wenn der Feind in unserer Mitte ist«, dachte ich mir, »ist es gut, ihn erst einmal in Sicherheit zu wiegen durch irreführende Maßnahmen und ihm dadurch die Furcht zu nehmen, unter einer Kontrolle zu stehen, die Lebensgefahr bedeutet.«
Meine Eheschließung mit Kesire Yıldırım im Frühling 1977 erfolgte vor diesem Hintergrund. Natürlich war es eine politische Entscheidung mit vielseitigen und risikoreichen Konsequenzen. In diesem Versuch einer Beziehung war alles enthalten: von kalter Berechnung bis hin zu spontanen Gefühlen. Die gleiche Taktik verfolgten wir beim Piloten Necati Kaya, den wir bald schon als gut ausgebildeten MİT-Mitarbeiter identifizierten. Daraufhin gaben wir ihm falsche Informationen, sodass er falsche Berichte ablieferte. Necati Kaya schlug uns zur Beschaffung noch fehlender Gelder vor, einen Raub durchzuführen. Er habe darin Erfahrung. Doch wir wussten, dass er die Gruppe damit provozieren und in Situationen bringen würde, die eine Verurteilung zur Folge gehabt hätten. Wir nutzten Necati weiter für unsere Zwecke. Deswegen nahm ich ihn sogar im Frühjahr 1977 auf eine Reise mit der gesamten Gruppe in meine Heimat mit. Mit ihm an unserer Seite glaubte der Feind, uns bestens zu kontrollieren, und wir wussten uns in Sicherheit.

Ermordung von Haki Karer und Warnschüsse

Am 18. Mai 1977 wurde unser Genosse Haki Karer von feindlichen Agentenorganisationen ermordet. Der Mord war nichts anderes als eine Warnung des kemalistischen Systems, die an uns gerichtet war.

Der Mord wurde durch eine Organisation namens Sterka Sor durchgeführt, die bei uns unter dem Namen »Beşparçacılar« (Anhänger der »Fünf-Teile-Theorie«) bekannt war. Nach diesem Mord feuerten Anhänger dieser Organisation zwei Schüsse von hinten auf mich ab. Es waren offensichtlich nur Warnschüsse, denn wenn sie gewollt hätten, hätten sie mich in diesem Moment erschießen können.
Für mich war es das Startsignal zur Vorbereitung und Ausarbeitung des Parteiprogramms. Nachdem unsere Ideen in der kurdischen Bevölkerung langsam angenommen wurden, beschloss ich, mich in Diyarbakır niederzulassen und von dort aus die Arbeiten zu koordinieren. Für unsere eigene Sicherheit mussten wir darauf achten, dass meine Frau weiterhin streng kontrolliert wurde.
Alle Versuche, unsere Entwicklung hin zu einer Massenbewegung zu verhindern, schlugen fehl. Sowohl die türkisch-kurdische Linke als auch Agentenorganisationen bzw. Spitzel sowie Stammesgruppen, die in Kurdistan wie in Agentenverbänden zusammengeschlossen waren, bemühten sich vergeblich darum.

Wir wussten ziemlich früh von dem bevorstehenden Putsch. Eine Veränderung war nötig, um ein Voranschreiten der Arbeit zu ermöglichen. Die nötigen Vorbereitungen dazu hatte ich bereits getroffen. In diesem Zusammenhang möchte ich auch Seyfettin Zoğurlu erwähnen, einen sehr wertvollen Mann aus dem Kreis Lice. Bei ihm zu Hause im Dorf Fis im Kreis Lice hielten wir am 27. November 1978 unseren ersten Parteikongress ab. Keiner der Teilnehmer am Gründungskongress hatte eine Vorstellung davon, was es bedeutet, eine Partei zu gründen. Am ehesten dazu fähig waren Hayri Durmuş und Mazlum Doğan wie auch Ferhat Kurtay. Nachdem wir die Partei gegründet hatten, richtete kurz darauf das türkische Militär unter Mithilfe von Soldaten, Polizei und den Faschisten der MHP ein riesiges Blutbad in der Stadt Maraş an, die an der Grenze zwischen Kurdistan und der Türkei liegt. Das Massaker diente als Abschreckung und gleichzeitig als Mittel, um möglichst schnell und gezielt die Voraussetzungen für einen Militärputsch zu schaffen. Nach dem Massaker wurde nach und nach über ganz Kurdistan der Ausnahmezustand verhängt.
Während dieser Periode hatten unsere Leute immer noch nicht die alten Propagandastrategien aus der Zeit der Gruppenarbeit über-

wunden und noch nicht zu einer Parteistruktur gefunden. Sie blieben nach wie vor ihrem amateurhaften Vorgehen verhaftet, was zu einer organisatorischen Krise führte. All das war der Grund, dass sie von türkischen Sicherheitskräften festgenommen und erschossen wurden. Mit anderen Worten: Es wurde zwar für unsere Sache gekämpft, aber unter völliger Abweichung von der von uns vorgegebenen Linie. Dass primitive Nationalisten in unserem Land Verrat üben, hat Tradition. In der Zeit zwischen 1979 und 1980 trat die KUK (Nationale Befreiung Kurdistans in Türkisch-Kurdistan), hinter der die KDP steckte, verstärkt auf den Plan. Viele von unseren Leuten wurden von ihnen in Diyarbakır, Mardin und Siirt niedergemetzelt.

Der Weg nach Palästina

In dieser äußerst kritischen Situation war schnelles Handeln geboten. Nach kurzer Überlegung plante ich einen gewaltigen Vorstoß. Es war ein Schritt, an den niemand, weder die PKK noch der Staat, bisher auch nur im entferntesten gedacht hatte. Ich entschloss mich, in den Nahen Osten zu gehen, genauer gesagt, nach Palästina. So schlich ich vorsichtig, sozusagen während der Feind noch schlief, mit der gleichen äußeren Gelassenheit wie früher als Junge an der Wache vorbei. Im Grenzdorf hielten mich die Wachposten für einen kleinen Schmuggler. Ich musste vorsichtig sein, sehr vorsichtig. In dem Augenblick, als ich die Grenze überschreiten wollte, sagte jemand: »Ach, gerade kommt ja der Soldat.« Ich kann mich noch genau daran erinnern, wie der Soldat mir entgegenkam, den Draht des Grenzzaunes anhob und mir sagte: »Los, mach schon Landsmann, sonst sieht dich noch der Kommandant.«

Die Männer, die mich begleiteten, verschafften mir Ausweispapiere der YNK (Patriotische Union Kurdistans in Irakisch-Kurdistan). Sie wussten nicht, wer ich war. Später sagten sie oft, wenn sie es gewusst hätten, hätten sie mich nicht so einfach laufen lassen, aber alles lief glatt. Selbst der Staat merkte erst zwei Jahre später, was geschehen war. Während der ersten sechs Monate kannte mich niemand unter meinem richtigen Namen. Danach folgte eine neue, beschwerliche Phase. Ich war nicht dogmatisch, hielt nicht an irgendwelchen Prinzipien fest, sondern stellte immerfort all mein Tun und Denken neu infrage. Alles musste schnell entschieden und umgesetzt werden – auf umfassende, planvolle und zielgerichtete Art und Weise.

In einer Woche schließlich wurde all mein Denken und Handeln gefordert. Ich ging ins Büro der Demokratischen Front für die Befreiung Palästinas und stellte mich dort als ‚Abu Ali' vor. »Ich bin ein Revolutionär und kämpfe in meinem Land für die Befreiung unseres Volkes. Von euch erwarte ich, dass ihr mir zu einer Identität verhelft, die es mir erlaubt, mich hier frei zu bewegen. Außerdem brauche ich einen Platz, um ein Ausbildungslager einzurichten. Wenn ihr Sozialisten seid, wie ihr sagt, dann müsst ihr mir gegenüber diese internationale Solidarität beweisen.«

Sie sahen keine Möglichkeit mich loszuwerden, woraufhin sie zustimmten und mich fragten, ob ein Ausbildungskontingent von 300 Mann ausreichend sein würde. Für mich war es nicht akzeptabel, ohne Alternative vorzugehen, und auch nicht, nur eine einzige Alternative zu haben. Also bemühte ich mich auch um die Unterstützung der Al-Fatah. Ich erreichte, dass auch sie mir ein Ausbildungslager anboten.

Von allen Seiten wurden uns Hindernisse in den Weg gelegt. Vor allem die klassischen kommunistischen Parteien wie UDG, TKP und IKP und die von ihnen gesteuerten und kontrollierten kleinbürgerlichen kurdischen Bewegungen wie die KUK und PÊŞENG wollten nicht, dass wir uns auf diesem Gebiet betätigten. So hatten sie noch vor unserem Eintreffen in Palästina die Propaganda verbreitet, dass wir eine Organisation seien, die mit dem MİT und der CIA in Verbindung stünde und von ihnen unterstützt würde. Selbstverständlich bestanden daher vonseiten der palästinensischen Organisationen erhebliche Vorbehalte uns gegenüber. Wie wir es bewerkstelligten, diese Vorurteile abzubauen, mit wie vielen Worten der Zusicherung und Vertrauensbeweisen, wissen nur wir allein.

Ich hatte einen Kurierweg zu unseren Freunden daheim eingerichtet. Über diesen erteilte ich die Weisung, mir 300 Ausbildungsanwärter zu schicken. Aufgrund des Mangels an Leuten war ich gezwungen, die militärische Ausbildung den palästinensischen Kameraden zu übertragen. Die ideologisch-politische Ausbildung der Kämpfer übernahm ich. Die Auszubildenden lernten von mir, warum sie Waffen benutzen sollten und wie sie die gelernte militärische Technik einsetzen konnten. Ich beschäftigte mich intensiv mit jedem

Einzelnen. Keiner von ihnen sollte im Kampf ein leichtes Opfer für den Feind sein, womit wir ihn verlieren würden.

Auf unserer ersten Parteikonferenz und dem ersten Parteikongress im Nahen Osten verurteilten wir jede Art von Kapitulation. Auf beiden Veranstaltungen setzte sich die revolutionäre Linie unserer Partei erfolgreich durch.
In dieser Zeit waren die Putschgeneräle vom 12. September an der Macht. Jeden Tag wurden in den Gefängnissen, den Dörfern und Städten unsere Landsleute auf grausame Art und Weise wie Vieh niedergemetzelt. Unsere teuersten Kameraden wie Kemal, Hayri, Mazlum oder Ferhat starben den Märtyrertod, als sie im Protest gegen diese unvorstellbare Roheit im monatlichen Hungerstreik allmählich wie Blumen verwelkten oder sich selbst verbrannten.
Der türkische Staat wurde nicht müde, immer neue Provokationen zu finden. So ließ er in einem Gefängnis die Gründung der Vereinigung »Junge Kemalisten-Union« zu. Wir aber verloren nicht unsere Ruhe und Besonnenheit und setzten geduldig unseren Kampf fort. Es war ein Kampf, der auch Zivilpersonen, ja ganze Familien traf, deren Mitglieder sich als Verräter erwiesen haben. Das waren Aktionen gegen die Menschlichkeit, die ich heute sehr bedaure.

Der 15. August 1984 und die destruktive Rolle der KDP

1982 schickten wir die ersten Guerillagruppen in unser Land. Infolge eines von der KDP angezettelten Komplotts wurden aber dreizehn von ihnen, darunter Sahin Kılavuz, am Fluss Hezil umgebracht. Die KDP ist auch verantwortlich für die Ermordung vieler unserer Kameraden in Ostkurdistan.
In diese schwierige Zeit fielen die Vorbereitungen für die Offensive des 15. August 1984 (Beginn des bewaffneten Kampfes der PKK, Anm. d. Ü.). Die ersten 24 Stunden vergingen, und der Feind hatte uns noch nicht besiegen können. Ebenso nach 48 Stunden nicht und genauso wenig nach weiteren 48 Stunden. Das war der Punkt, von dem an ich aufatmete und mir sagte, sie können der Guerilla nichts anhaben. 300 Guerilleros waren in enormer Intensität und Schnelligkeit ausgebildet worden und wurden in die Heimat geschickt.

Das Jahr 1985 wurde dann zum Alptraum. Durch kontinuierliche negative Manipulation von innen wie von außen war unsere Guerilla nahe der Niederlage, sodass es unmöglich war, den bewaffneten Kampf koordiniert weiterzuführen. Das alles war die Folge der Einflussnahme durch die KDP. Es gab Leute unter uns, die sich gegenseitig zuflüsterten, wenn es gar keinen anderen Ausweg mehr gäbe, würden sie eben zur KDP überlaufen. Tatsächlich haben das etwa 30 Leute getan. In den Frühjahr- und Sommermonaten 1985 war Massud Barzani etwa fünf- oder sechsmal bei mir. Immer wieder sagte er, so ginge es aber doch nicht. Entweder wollte er mich durch seine Treffen zu einer Teilnahme an seinem Vorhaben bewegen oder einfach nur aushorchen. Uns war klar, dass eine Zusammenarbeit mit der KDP, Yekîtî (PUK) und anderen kleinbürgerlichen Strukturen für uns sehr schwierig war, weil diese versuchten, die PKK unterzukriegen. Wir aber beharrten auf unserer Haltung sowohl in politischer als auch in ideologischer Hinsicht.

Noch im Dezember 1984 hatte sich alles um die Frage gedreht, wie wir das kommende Jahr am besten nutzen könnten. Wir fragten uns ernsthaft, wie wir den Winter überstehen würden. Unsere Führung in den Bergen litt an einer gravierenden taktischen Schwäche. Unerfahrene Gruppen versprengten sich ungeordnet mal hierhin, mal dahin, ohne auch nur den Ansatz einer Guerillataktik zu zeigen.

In der Weisung vom Vormonat November hatten wir die Losung ausgegeben: »Jede Abweichung von der Parteilinie führt zur Auflösung, ihre treue Befolgung zum Sieg.« Wir sahen, dass man nichts von diesem Gedanken in die Tat umsetzte. Im Hauptkampfgebiet kam es zu Stockungen durch Sabotage, und 90 Prozent unserer Guerillakämpfer fielen. Der Grund war Führungsschwäche. Soldaten und Kämpfer ähnelten aufständischen Bauern. Beide Gruppen empfanden Überlegungen zu Kampfstrategien als überflüssig.

Es blieb ein harter PKK-Kern an Kämpfern zurück. Es fehlte an strategisch begabten Kommandanten. Ich erinnere mich daran, wie leicht Dersim verloren wurde. In Amed kehrten die Kämpfer eines Abends in eines der Häuser ein, um dort zu übernachten und am kommenden Morgen wurden sie wie Geschenkpakete dem Feind übergeben. In Botan ging in der Umgebung verdächtiger Dörfer eine Gruppe nach der anderen verloren.

Wir beschlossen in jedem Falle die Einberufung unseres dritten Kongresses. In dessen Vorfeld wurde umfangreiche Arbeit geleistet. Auf jedes einzelne Fehlverhalten seitens der Kommandeure und Kämpfer gingen wir genau ein. Wir begannen zu analysieren. Wir erkannten, dass unser momentaner Kampf nicht wegen des starken feindlichen Druckes zum Scheitern verurteilt war, sondern wegen defizitärer Persönlichkeitsstrukturen der Mitglieder. Der Schlüssel zum Erfolg lag in einer guten Ausbildung und in der präzisen Vorstellung, wie ein revolutionärer Kampf beschaffen sein muss. Während wir versuchten, die Ergebnisse der Analyse 1987 in die Heimat zu vermitteln, bemerkten wir, wie sehr von Seiten der Kämpfer und Kommandanten in Kurdistan versucht wurde, den Kampf zu sabotieren. Beispielsweise durch die Kör-Cemal-Praxis, eine Banditenmethode. Kör Cemal machte sein Geschäft damit, Straßensperren zu errichten und arme, unschuldige Leute auszurauben. Als sich ihm die einmalige Gelegenheit bot, mit niederträchtigen Kollaborateuren aus der Gegend gemeinsame Sache zu machen und dadurch die Bewegung zu vernichten, da hat er auch das getan.

Die Kader waren in einem Zustand der Verwahrlosung. Untergeordnete Kameraden schickten sie in Einsätzen, bei denen keinerlei Erfolgsaussicht bestand, bedenkenlos in den Tod. Den Kämpfern bot sich lediglich die Möglichkeit zu sterben oder zu desertieren. Wenn sie flohen, wurden sie als Verräter erschossen. Das war eine der Methoden, die Stärke der PKK zu zerstören.

Die Entstehung der Mahsum-Korkmaz-Akademie

Den Winter 1987 brachten wir wieder im Lager im Nahen Osten zu. Ich erinnere mich an die Direktive vom 1. Januar. Darin wurde erarbeitet, wer Kommandant sein könne und über welche Eigenschaften dieser verfügen müsse. Wir waren bemüht, die Persönlichkeit des Kommandanten von allen Seiten zu erfassen und seine Tätigkeitsbereiche genau festzulegen. Das Jahr 1987 wurde zum Jahr des erweiterten Widerstandes. Unsere Guerillaeinheiten konnten wieder Fuß fassen. Unser Ziel war es, ein neues Selbstbewusstsein zu schaffen, ein Gefühl der Freiheit bei jedem Kurden und jeder Kurdin. Zu diesem Zweck haben wir das Lager im Nahen Osten in eine Akademie umgestaltet, in der Diskussionen zu geschichtlichen, naturwissenschaftlichen, philosophischen und politischen Inhalten geführt wurden. Getreu diesem Grundsatz haben wir auf unserem Areal im Nahen Osten mindestens 30.000 Menschen für unser Volk ausgebildet und dann auf sicherem Weg in die Berge Kurdistans geschickt. Trotz aller Bemühungen und großer Erfolge bin ich mir bewusst, dass die jahrhundertealte kurdische Geschichte der Unterdrückung es unmöglich macht, in wenigen Jahren aus einem unterdrückten Volk ein selbstbewusstes Volk zu machen. Das Jahr 1987 wurde zu einem Jahr des Erfolges, weil wir uns dem Thema Bildung zuwandten.

Erfolgreiche Jahre der Guerilla und der türkische Sonderkrieg ab Newroz 1992

Das Volk trat für die Partei und die Guerilla ein und wurde mit ihnen zu einer Einheit. Von nun an war die Partei das Volk und das Volk die Guerilla. Die Jahre 1990, 1991 und 1992 waren Jahre eines andauernden Aufstandes und kontinuierlicher Aktionen aus den Reihen der Bevölkerung. Bald waren 70 Prozent Kurdistans unter der Kontrolle der Guerilla und unserer Partei. Ab dem Newrozfest 1992 begann der türkische Sonderkrieg gegen das kurdische Volk und die Guerilla mit einem unglaublichen Vernichtungspotential. In der ersten Kriegsphase wurde gegen unsere Guerilla mit massiver technologischer Unterstützung der USA und Israels sowie der Kollaborateure der KDP und YNK vorgegangen. Immer, wenn sie zur nationalen Einheit aufriefen, liefen sie zu den USA, zur Türkei oder zu England und suchten deren Zustimmung. Sie wollten nicht begreifen, dass ihnen nur wegen der PKK ein Wert beigemessen wurde und ihnen im Falle unserer Zerstörung nicht der geringste Respekt entgegengebracht würde. Der Massenmord begann in Kulp-Lice und breitete sich über ganz Kurdistan aus. Unter Nutzung der Hizbullah und Überläufern aus der PKK begannen sie damit, alles, was mit dem Wort »Kurde« auch nur im Entferntesten zu tun hatte, zu liquidieren. Kurdische Parteien und Institutionen wurden angegriffen. Die DEP wurde unter dem Vorwurf, sie sei eine Partei der PKK, verboten und ihre Abgeordneten wurden inhaftiert. So viele Menschen aus Kurdistan wurden in die Gefängnisse eingesperrt, wo man sie schlug und misshandelte.

Das internationale Komplott als Antwort auf die Friedensangebote

Wir waren für eine friedliche, politische Lösung des Problems. Für eine Lösung im Dialog. Niemand in der PKK wie auch im kurdischen Volk liebt Waffen und Gewalt. Man kann die PKK nicht einmal als militärische Bewegung bezeichnen. Sie ist eher eine an Ideen orientierte Bewegung mit philosophischem Hintergrund.

Um einer politischen Lösung und dem Frieden eine Chance zu geben, erklärten wir am 17. März 1993 in einer Pressekonferenz in der Gemeinde Bar Elias im Libanon einen einseitigen Waffenstillstand. Auch der damalige türkische Staatspräsident Turgut Özal versuchte sich einer politischen Lösung durch einen Dialog anzunähern. Am Tag seiner Ermordung hatte Özal mitgeteilt, dass er eine neue Erklärung zur Lösung der kurdischen Frage abgeben werde. Einige Stunden vor dieser Erklärung wurde er ermordet.

In den Jahren 1994 bis 1995 war die Guerilla massiven Angriffen ausgesetzt im Rahmen der feindlichen Versuche, ihre Gebiete zu erobern. Wir verteidigten uns aktiv und waren gleichzeitig sicher, dass der Sieg über die PKK und Guerilla unmöglich war. Dennoch wollten wir durch eine politische Einigung eine Lösung erzielen und erklärten zum zweiten Mal einen einseitigen Waffenstillstand. Vonseiten der Türkei wurde keinerlei Annäherung auf diesen Vorschlag hin unternommen. Mein Ziel war, das kurdische Problem auf eine menschliche und politische Ebene und damit einer Lösung näherzubringen. Obwohl nichts von unseren Bemühungen auf eine positive Reaktion stieß, konnten wir beweisen, dass wir nicht nur zum Krieg, sondern vor allem auch zum Frieden bereit sind.

Am 1. September 1998 erklärten wir auf Wunsch der westlichen Großmächte in naivem Vertrauen – wie ich es heute nicht anders bezeichnen kann – zum dritten Mal einen einseitigen Waffenstillstand. Schon bald stellte sich dieser internationale Wunsch als Teil eines Komplotts heraus. In Folge des Komplotts begannen wir unseren Marsch für Frieden und Freiheit im Nahen Osten, kamen zuerst nach Russland und später nach Italien. Wir wissen nur zu gut, dass die USA und die Türkei alles dafür tun, dass wir ihn abbrechen. Dennoch wird er fortgesetzt.

Einige Ergänzungen zur Biografie Abdullah Öcalans nach 1999

von Reimar Heider / Internationale Initiative »Freiheit für Abdullah Öcalan – Frieden in Kurdistan«

Entführung und Inhaftierung

Öcalans Bemühungen, in Europa eine politische Lösung der kurdischen Frage zu befördern, schlugen fehl. Auf Italien, wo er sich drei Monate aufhielt, übten die Türkei und die NATO starken politischen Druck aus. Daraufhin verließ Öcalan Italien und brach nach einer Odyssee durch mehrere Staaten Europas nach Südafrika auf, wo er nie ankommen sollte. Am 15. Februar 1999 wurde er in Kenia im Rahmen einer Operation mehrerer Geheimdienste entführt und an die Türkei ausgeliefert. Die Entführung verursachte weltweite Proteste und Aufstände von Kurd*innen. In der Türkei wurde gleichzeitig der antikurdische Nationalismus forciert, was das Land an den Rand eines Bürgerkrieges führte.

Prozess und Todesstrafe

Am 29. Juni 1999 wurde Abdullah Öcalan nach einem kurzen Schauprozess auf İmralı zum Tode verurteilt. Der Prozess wurde später von der Großen Kammer des Europäischen Gerichtshofs für Menschenrechte (EGMR) als unfaires Verfahren verurteilt.

2002 wurde die Todesstrafe in der Türkei abgeschafft. Daraufhin wandelte die Justiz die Strafe Öcalans in »verschärfte lebenslange Haft« ohne Möglichkeit einer vorzeitigen Entlassung um – in anderen Worten: Haft bis zum Tod. Auch dies wurde vom EGMR als unmenschliche Strafe verurteilt. Konsequenzen bisher: keine.

Haftbedingungen auf der Gefängnisinsel İmralı

Die Haftbedingungen Öcalans sind für europäische Verhältnisse beispiellos. Er ist mit einem Regime der totalen Isolation und Willkür konfrontiert. İmralı befindet sich im Marmarameer, zwischen Bosporus und Dardanellen, an der Grenze zwischen Europa und Asien. Die Insel ist militärisches Sperrgebiet. Die Überfahrt per Schiff ist für Besucher langwierig und sehr anstrengend.

Abdullah Öcalan verbrachte die ersten zehn Jahre als einziger Gefangener auf der Insel, bewacht von mehr als 1.000 Soldaten. 2009 wurde ein neues Gefängnis für ihn und fünf weitere Gefangene erbaut. Sämtliche Zellen sind auf Isolationshaft ausgelegt. Jeder der Häftlinge hat einen eigenen winzigen Hof zum Hofgang. Durch die extreme Höhe der Mauern wirken diese Höfe wie Brunnenschächte.

Isolation und Willkür im »europäischen Guantánamo«

Lang anhaltende Isolation und Isolationshaft sollen u. a. durch Reizentzug (Deprivation) Inhaftierte psychologisch und körperlich brechen. Derartige Haftbedingungen werden deshalb als »weiße Folter« bezeichnet.

Elf Jahre lang war Abdullah Öcalan der einzige Gefangene auf İmralı. Er befand sich von Anfang an in Isolationshaft, durfte niemanden berühren, niemandem die Hand schütteln. Öcalan kann noch immer keine Briefe erhalten und ist der einzige Häftling in der Türkei ohne Zugang zu einem Telefon.

Meist konnte Abdullah Öcalan lediglich 30 Minuten im Monat Besuch von seinen Verwandten und eine Stunde wöchentlich von seinen Anwälten empfangen. Diese Besuche wurden und werden jedoch immer wieder von den Behörden blockiert – und finden deshalb oft monatelang nicht statt. Besonders die Verhinderung jeglicher Besuche wurde seitens des Antifolterkomitees des Europarats (CPT) mehrfach heftig kritisiert.

Das Gefängnisregime auf İmralı zeichnet sich insgesamt durch große Willkür aus. So werden u. a. die Anwaltsbesuche regelmäßig ohne Rechtsgrundlage abgehört und aufgezeichnet.

Internationale Menschenrechtsorganisationen kritisieren die menschenverachtenden und menschenrechtswidrigen Haftbedingungen Öcalans scharf. Das CPT hat über die Gefängnisinsel mehr Berichte verfasst als über jede andere Haftanstalt und immer wieder die Isolationshaftbedingungen Öcalans und der weiteren Insassen gebrandmarkt. İmralı wird daher auch als »Europäisches Guantánamo« bezeichnet.

Friedensinitiativen Abdullah Öcalans

Öcalan war die treibende Kraft hinter der Verschiebung des Schwerpunkts der kurdischen Bewegung von einer hauptsächlich militärisch orientierten auf eine primär politisch und friedlich ausgerichtete Strategie. Seit dem ersten einseitigen Waffenstillstand 1993 bemühte er sich kontinuierlich intensiv um eine friedliche Lösung der kurdischen Frage. 1995 und 1998 initiierte er weitere einseitige Waffenstillstände.

Ein großer Umschwung begann, als Öcalan 1999 gegen große Widerstände die kurdische Bewegung davon überzeugte, sich auf eine friedliche Lösung zu konzentrieren und sämtliche bewaffneten Kräfte aus der Türkei abzuziehen. Daraufhin begann der längste Waffenstillstand in der Geschichte des Konflikts. Er hielt fünf Jahre.

Gefängnis- und Verteidigungsschriften

Im Gefängnis verfasste Abdullah Öcalan eine Vielzahl an Büchern, von denen die meisten bereits übersetzt wurden. Beginnend mit seiner Verteidigungsrede im Schauprozess auf İmralı, in dem er zum Tode verurteilt wurde, argumentiert Öcalan gegen Sezessionismus und für ein friedliches Zusammenleben der Völker ohne Veränderung der politischen Grenzen. In späteren Büchern entwickelte er diese Argumentation weiter. Trotz seiner inhumanen Haftbedingungen bemüht sich Öcalan nach Kräften, auf eine friedliche Lösung der kurdischen Frage hinzuwirken. Seine Impulse, Visionen und Strategien hatten entscheidenden Einfluss auf die kurdische Politik der letzten Jahrzehnte. Besonders sichtbar wurde dies in Rojava/Nordostsyrien, wo eine von ihm inspirierte Bewegung mitten im Kriegszustand ein demokratisches, multiethnisches und multireligiöses Gemeinwesen aufbaute und erfolgreich gegen die Angriffe u. a. des Islamischen Staates verteidigte.

»Roadmap« für Verhandlungen und Gespräche mit dem Staat

2009 kündigte Öcalan an, dass er eine »Roadmap« zum Frieden verfassen werde und forderte auf, Impulse und Anregungen zu geben. Das löste eine umfangreiche Debatte in der Türkei aus. Er stellte die »Roadmap« am 25. Jahrestag der Aufnahme des bewaffneten Kampfes, am 15. August 2009, fertig. Sie diente als Grundlage für einen damals noch geheimen Dialogprozess mit dem Staat.

Zwischen 2009 und Mitte 2011 fanden Geheimverhandlungen einer von der türkischen Regierung ernannten Delegation mit Abdullah Öcalan auf İmralı sowie mit führenden PKK-Mitgliedern in Oslo statt (der sogenannte »Oslo-Prozess«). Auf der Grundlage von Öcalans »Roadmap« einigten sich die Akteure auf drei Protokolle. Diese Protokolle enthielten einen Stufenplan, auf dessen Grundlage der bewaffnete Konflikt beendet und eine politische Lösung der kurdischen Frage ermöglicht werden sollte.

Die türkische Regierung entschied sich jedoch, diesen Plan nicht umzusetzen, sondern weitete die Verhaftungswellen gegen kurdische Politiker*innen und Aktivist*innen aus und begann im Juni 2011 massive Militäroperationen.

In einer weiteren Serie von Gesprächen führten staatliche türkische Stellen einen direkten Dialog auf İmralı mit Öcalan – der »İmralı-Prozess«. Diese Gespräche wurden Ende 2012 staatlicherseits bestätigt. Die Ermordung von drei kurdischen Politikerinnen, darunter PKK-Gründungsmitglied Sakine Cansız, durch den türkischen Geheimdienst MİT in Paris am 9. Januar 2013 drohten die Gespräche schnell wieder zum Erliegen zu bringen, doch Öcalan hielt an ihnen fest.

Zum Newrozfest im März 2013 rief Öcalan zum Rückzug der bewaffneten Gruppen aus der Türkei auf und brachte seine Hoffnung auf eine Demokratisierung der Türkei zum Ausdruck. Der Aufruf wurde befolgt, und erneut keimte die Hoffnung auf Frieden auf.

In den darauffolgenden Monaten zeigte sich jedoch, dass für den türkischen Staat das einzige Ziel in der Entwaffnung der PKK bestand und keinerlei Interesse an einer politischen Lösung vorhanden war. Letzter Höhepunkt im sogenannten »Friedensprozess« war die »Dolmabahçe-Erklärung« im Februar 2015, als in Anwesenheit des Vize-Ministerpräsidenten ein Friedensaufruf Öcalans verlesen wurde.

Prädident Recep Tayyip Erdoğan jedoch änderte seine Strategie, verwarf den gesamten Dialogprozess und leitete eine erneute militärische Eskalation ein. Die Isolation von Öcalan im »Höchstsicherheitsgefängnis« von İmralı wurde maximiert, jahrelang gab es keinerlei Kontakt zur Außenwelt.

Ehrenbürgerschaften

Öcalan ist Ehrenbürger zahlreicher Städte und Gemeinden in Italien, darunter Mailand, Palermo und Parma.

Die politische Dimension

Die anhaltende Isolation Abdullah Öcalans ist ein schwerwiegender Verstoß gegen die Menschenrechte. Aber der Umgang mit dem Politiker ist nicht nur eine menschenrechtliche Frage, sondern hat darüber hinaus eine weitgehende politische Dimension.

Abdullah Öcalan wird von der Gesellschaft und Experten als nationale Führungsfigur und politischer Repräsentant der Kurden betrachtet. In Kurdistan und der Türkei ist allgemein bekannt, dass eine politische Lösung nur im Dialog mit Abdullah Öcalan möglich ist. Jede türkische Regierung seit 1999 war sich dessen bewusst und führte entsprechend Gespräche mit Abdullah Öcalan auf İmralı – obwohl das bis 2010 keine der Regierungen zugab.

Die Strategie der Regierung, die auf Gewalt und Spannung basiert, führt zwangsläufig in eine Sackgasse. Sie wird absehbar zu weiteren Kämpfen und unnötigem Blutvergießen führen. Die einzige Alternative zu Gewalt ist der Dialog. Abdullah Öcalan hat bewiesen, dass er zu einem solchen Dialog bereit und in der Lage ist, ihn erfolgreich zu einer dauerhaften Friedenslösung zu führen.

Gleichzeitig inspiriert Öcalan als Autor und Politiker Millionen von Menschen in Kurdistan und weltweit. Er ist einer der prominentesten politischen Gefangenen der Gegenwart. Nach mittlerweile über 20 Jahren rückt seine Freiheit auf der Tagesordnung immer weiter nach oben. Sie muss und wird kommen – je früher, desto besser.

Torkil Lauesen

Die globale Perspektive

Imperialismus und Widerstandt

408 Seiten | 24 €
ISBN 978-389771-187-7

Analyse des globalisierten Kapitalismus und widerständiger Praxis

Der Kapitalismus ist untrennbar mit dem Imperialismus verbunden. So lautet die Kernthese von Torkil Lauesens Buch Die globale Perspektive, das nun auf Deutsch vorliegt. Lauesen zeichnet die Bedeutung des Imperialismus für die Geschichte des Kapitalismus nach, analysiert den Neoliberalismus als gegenwärtige Form des kapitalistischen Weltsystems und widmet sich der Frage antikapitalistischen und antiimperialistischen Widerstands. Der Autor sieht sich dabei Karl Marx' elfter Feuerbach-These verpflichtet: Es geht nicht nur darum, die Welt zu verstehen, sondern auch, sie zu verändern.

Das Buch ist leicht verständlich geschrieben. Lauesen arbeitet mit akademischer Genauigkeit, wendet sich jedoch an ein breites Publikum politisch Interessierter und Aktiver.

Glen Sean Coulthard

Rote Haut, weiße Masken

Gegen die koloniale Politik der Anerkennung

284 Seiten | 18 €
ISBN 978-3-89771-080-1

Moderner Kolonialismus in Nordamerika und die betrügerische ›Politik der Anerkennung‹

Die Kolonisierung und Enteignung der indigenen Bevölkerung hat – nicht nur in Kanada – Kontinuität. Nur dass Vertreibung, Sklaverei und Völkermord modernen Methoden gewichen sind, vermeintlich weniger gewaltsamen Formen der ›Eingemeindung‹ und des Betrugs durch die weißen Siedlerstaaten. In Fortführung von Frantz Fanons Werk formuliert Glen Coulthard seine Kritik an dem, was er die ›koloniale Politik der Anerkennung‹ nennt. Damit ist seine Kritik an der ebenso gönnerhaften wie hinterhältigen ›Politik der Anerkennung‹ vonseiten des Kolonialstaates zugleich eine ökologische und antikapitalistische Kritik.

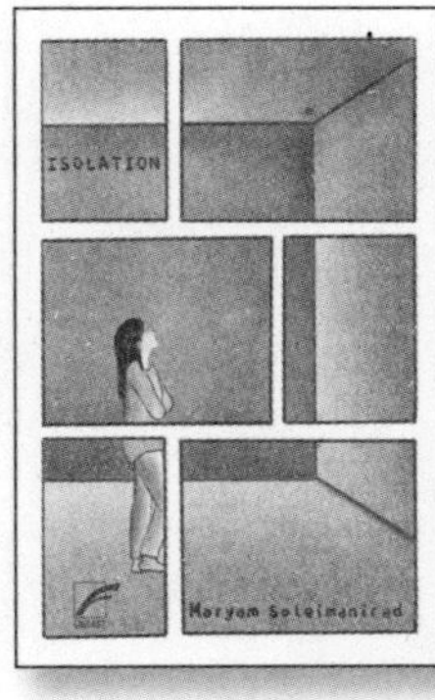

Maryam Soleimanirad

Isolation

84 Seiten | B5 | 12.80 €
ISBN 978-3-89771-195-2

Inspiriert von der Geschichte einer politischen Gefangenen im Iran hat Maryam Soleimanirad eine bewegende Graphic Novel über die beklemmende Leere von Isolationshaft gezeichnet.

Festgenommen. Inhaftiert. Isoliert. Aus 10 Tagen Einzelhaft werden 100, werden 1.000. Immerzu die gleichen vier Wände, die gleiche Stille, die gleichen Albträume ...

»Ich war erst neunzehn Jahre alt, als ich aufgrund meiner politischen Aktivitäten verhaftet wurde. Während der gesamten Zeit musste ich daran denken, wie lange sich meine Eltern Sorgen um mich machen würden«, erzählt die Hauptfigur zu Beginn der Geschichte. Es fällt ihr schwer, sich an die genauen Abläufe und Details zu erinnern, doch sie versucht es trotzdem.

Maryam Soleimanirad hat eine bildstarke und verstörende Graphic Novel über Isolationshaft geschaffen – basierend auf der Geschichte ihrer Mutter, die im Iran inhaftiert war.

Abdullah Öcalan

Gilgameschs Erben

Vom sumerischen Priesterstaat zur demokratischen Zivilisation – Band 1

552 Seiten | 24 €
ISBN 978-3-89771-068-9
eBook | 16.99 €

Abdullah Öcalan

Gilgameschs Erben

Vom sumerischen Priesterstaat zur demokratischen Zivilisation – Band 2

424 Seiten | 24 €
ISBN 978-3-89771-069-6
eBook | 16.99 €

Zweibändiges Basiswerk des kurdischen Vordenkers und Politikers zum politischen Verständnis der Geschichte Mesopotamiens – in überarbeiteter Neuauflage

Abdullah Öcalan setzt sich mit den Kontinuitäten politisch-ideologischer Macht wie auch befreiender Erneuerungen im gesellschaftlichen Leben vom frühgeschichtlichen sumerischen Priesterstaat bis hin zu den Anfängen und Visionen einer demokratischen Zivilgesellschaft auseinander.

Abdullah Öcalan

Manifest der demokratischen Zivilisation

Bd. I: Zivilisation und Wahrheit – Maskierte Götter und verhüllte Könige

264 Seiten | 18 €
ISBN 978-3-89771-073-3
eBook | 15.99 €

In etwas mehr als drei Jahren (2007–2010) hat Abdullah Öcalan mit dem *Manifest der demokratischen Zivilisation* ein fünfbändiges Opus Magnum verfasst, in dem er seine Erfahrungen und Erkenntnisse aus 35 Jahren radikaler Theorie und revolutionärer Praxis zusammenfügt.

Bd. II: Die Kapitalistische Zivilisation – Unmaskierte Götter und nackte Könige

2. Auflage | 384 Seiten | 18 €
ISBN 978-3-89771-074-0
eBook | 15.99 €

Bd. III: Soziologie der Freiheit

488 Seiten | 19.80 €
ISBN 978-3-89771-077-1
eBook | 17.99 €

Abdullah Öcalan

Manifest der demokratischen Zivilisation

Bd. IV: Die demokratische Zivilisation – Wege aus der Zivilisationskrise im Nahen Osten

448 Seiten | 22 €
ISBN 978-3-89771-098-6

Ein radikal neuer Blick auf Geschichte, Gegenwart und Zukunft des Nahen Ostens

Die globale Zivilisationskrise zeigt sich heute am deutlichsten in den herrschenden Verhältnissen des Nahen Ostens. Öcalan legt nahe, dass dort, wo vor 5.000 Jahren die Zentralzivilisation ihren Anfang nahm, auch der Schlüssel zu ihrer Überwindung zu finden sein muss.

Die demokratische Zivilisation beleuchtet die geschichtlichen Ursachen der globalen Krise genauso wie die vielfältigen Traditionen von Widerstand – religiöse, kulturelle, dezentrale – und vor allem deren Potenziale, die kapitalistische Moderne zu überwinden.

Dieser vierte Band schließt mit einer Diskussion der für eine globale Transformation wesentlichen Fragen: Wie leben? Was tun? Wo beginnen?

UNRAST Verlag | www.unrast-verlag.de | kontakt@unrast-verlag.de UNRAST